Gloywi

Ffeiloiaith

Guto Rhys

Ysgol Gyfun Cwm Rhymni

Cyhoeddwyd gan
Y Ganolfan Astudiaethau Addysg, Prifysgol Cymru Aberystwyth, Yr Hen Goleg, Aberystwyth,
Ceredigion SY23 2AX.

Cedwir pob hawl. Ni ellir atgynhyrchu unrhyw ran o'r cyhoeddiad hwn na'i gadw mewn cyfundrefn adferadwy, na'i drosglwyddo mewn unrhyw ddull na thrwy unrhyw gyfrwng electronig, mecanyddol, llungopïo, recordio nac fel arall heb ganiatâd ymlaen llaw gan y Cyhoeddwyr. Ni chynhwysir y cyhoeddiad hwn o dan y trwyddedau a gyhoeddir gan yr Asiantaeth Drwyddedu Hawlfraint Cyf, 90 Tottenham Court Road, Llundain W1P 9HE.

ISBN: 1 85644 602 6

Golygwyd a pharatowyd ar gyfer y wasg gan Eirlys Roberts a Glyn Saunders Jones

Dyluniwyd gan Ceri Jones

Argraffwyd gan Wasg Y Lolfa, Talybont

Ail argraffiad: Tachwedd 2001

Datblygwyd a threialwyd y deunydd hwn yn Ysgol Gyfun Cwm Rhymni, Y Bargod o dan y Cynllun Iaith ar Draws y Cwricwlwm. Diolchir i'r athrawon a'r disgyblion hynny a fu'n treialu'r deunydd am sawl blwyddyn.

Cynnwys

Cyflwyniad	4	Sillafu (i/y/u)	38
Yr Wyddor	5	Y Treiglad Llaes	40
Llafariaid	5	Alenorwy	41
Cytseiniaid	5	Atebion (1)	42
Y Treigladau	6	Atebion (2)	42
Y Côd Marcio	7	Yr Amser Presennol/Dyfodol (1)	43
Yr Amser Gorffennol (1)	7	Bod (1)	44
Y Gorchmynnol	8	Rhai geiriau sy'n achosi	
'Fy . . . i'	9	treiglad meddal	45
Yr Anthem Genedlaethol	10	Cymharu ansoddeiriau	46
Rydw i . . .	11	Rhagenwau (1)	48
Y Dyddiad yw . . .	12	Bod (2)	49
Atalnodi	13	Yr Amherffaith a'r Amodol	50
Ei/Eu	14	Diarhebion	51
Gan	15	Affeithiad	51
Enwau Lleoedd	16	Ansoddair o Flaen Enw	53
At	18	Gwybod	54
Mewn/Yn	18	Yr Amser Presennol/Dyfodol (2)	55
Gwybod/Adnabod	19	Rhagenwau	56
Arddodiaid	20	Gwrthrych Berf	57
Yr Amser Gorffennol (2)	20	Bod/Os	58
Cael	21	Y Nofel/Stori Fer	58
I	22	Ei *(His)*	60
Termau Gramadeg	23	Ei *(Her)*	62
Cenedl (1)	23	Eu *(Their)*	63
Cenedl (2)	24	i neu u	64
Ambell Wall	25	Petai	64
Gweddi'r Arglwydd	25	Treiglo ar ôl Rhifolion	65
Anifeiliaid, Pysgod,		Lluosogi Ansoddeiriau	66
Adar a Phryfetach	26	Rhifolion	66
Berf ag Arddodiad	28	Dyblu 'n' ac 'r'	67
Y Collnod	29	Yr Amhersonol	68
Roeddwn i . . .		O	69
F neu Ff	31	Cenhedloedd	69
Heb	32	Y Trydydd Person	70
Dau/Dwy	33	Cenedl Eto	71
Y Teulu	34	Rhai Acenion: Y Didolnod	72
Hwn/Hon	35	Y Gorberffaith	72
Dywediadau	36	Planhigion	72
Yn	36	Idiomau	73
Bues i . . .	37		

Cyflwyniad

Canllaw nid cynllun yw hwn.

Fe'i seiliwyd yn bennaf ar astudiaeth o'r hyn sy'n peri anhawster i ddisgyblion cyfnod Allweddol 3 a chyfnod Allweddol 4.

Rhywbeth i'w ddefnyddio'n ofalus ydyw. Mae mwy i ddysgu a gwella iaith nag ateb rhesi hirion o gwestiynau neu wneud ymarferion diddiwedd. Meithrin diddordeb a brwdfrydedd a chanmol sy'n dwyn ffrwyth fel arfer – yn ogystal â disgwyliadau uchel realistig.

Dylen ni integreiddio'r dysgu iaith i bob gwers a phob maes. Mae cywirdeb a bod yn eglur lawn mor bwysig mewn trafod mathemateg, llunio traethawd hanes a sgwrsio yn y ciw cinio ag ydyw mewn gwers Gymraeg. Dylen ni ddefnyddio gemau a gweithgareddau llafar i feithrin 'cywirdeb' – cyfrwng llafar yw iaith yn y bôn ac ar lafar y dylid ei dysgu. Os yw'n gadarn ar lafar mae'n haws ei droi'n ysgrifen na fel arall.

Rhywbeth organig yw iaith fyw ac mae pob iaith fyw yn newid, yn arloesi ac yn wfftio, yn colli ac yn cofleidio elfennau yn gyson. Peth mympwyol yw 'cywirdeb' sy'n newid o oes i oes, o ardal i ardal ac o siaradwr i siaradwr. Y bwrlwm byw sy'n bwysig.

Fyddwn i ddim yn argymell rhoi iaith mewn 'formaldehyde' i'w chadw'n ddigyfnewid – weithith hi ddim felly. Canllaw ydy'r llyfryn hwn. Defnyddiwch o fel y gwelwch yn addas a defnyddiwch o i gyfoethogi a chynorthwyo.

Guto Rhys

Yr Wyddor

a	b	c	ch	d	dd	e	f
ff	g	ng	h	i	j	l	ll
m	n	o	p	ph	r	rh	s
t	th	u	w	y			

Llafariaid

a e i o u w y

Cytseiniaid

Yr holl lythrennau eraill.

1) Daw **yr** o flaen llafariaid ac 'h':

   yr afal / yr haf.

   Daw **y** o flaen pob cytsain heblaw am 'h':

   y ferch / y bwyd.

   Gall **w** fod yn fath o gytsain:

   y wlad / y wraig

2) Daw **ac** o flaen llafariaid:

   *afal **ac** oren.*

   Daw **a** o flaen cytseiniaid:

   *tafod **a** dant, lleuad **a** haul,*

   Daw '**ac**' o flaen 'i' gytsain:

   *gofal **ac** iechyd*

1) Rhowch y geiriau hyn yn nhrefn yr wyddor: cath, bwyd, chwarae, hefyd, thermomedr, cae, iaith, wy, ffôn, mwy.

   1 _____
   2 _____
   3 _____
   4 _____
   5 _____
   6 _____
   7 _____
   8 _____
   9 _____
   10 _____

2) Cyfrifwch sawl llythyren sydd ym mhob un o'r geiriau isod a rhowch nhw yn y man cywir: cangen, coch, ffa, rhaff, fforch, lle, llechi, cuddio, rhy, rhywbeth, llongau, merched, cuddio, wythfed, iaith, wyth. **e.e.**

   2 – to _____

   3 – ca**th** _____

   4 – **ch**we**ch** _____

   5 – cy**ff**ro _____

   6 – **rh**ewge**ll** _____

   (Cofiwch mai **un** llythyren yw **ch, dd, ff, ng, ll, ph, rh, th**).

3) Rhowch **yr** neu **y** o flaen y geiriau hyn:
   ____ haul, ____ ysgol, ____ llaw, ____ blew, ____ cwpwrdd, ____ iaith, ____ wy, ____ pysgodyn, ____ het, ____ ystafell.

4) Rhowch **a** neu **ac** rhwng y geiriau hyn:
cadair ____ bwrdd, siop ____ ysgol, llaeth ____ uwd, sebra ____ eliffant, côt ____ het.

5) Chwiliwch mewn geiriadur i weld beth yw lluosog:

deilen _____

buwch _____

car _____

Cymro _____

ffatri _____

cath _____

cadair _____

ci _____

ysgol _____

to _____

Y Treigladau

	Meddal	Trwynol	Llaes
P	B	Mh	Ph
T	D	Nh	Th
C	G	Ngh	Ch
B	F	M	
D	Dd	N	
G	-	Ng	
Ll	L		
M	F		
Rh	R		

Daw **treiglad meddal** ar ôl:

i   **o**   **at**

i **f**ynd   o **b**obl   at **dd**yn

Ymarferion

1) Rydw i'n dod o _____. (Pontypridd)

2) Hoffwn fynd i _____ y gêm. (gweld)

3) Mae rhywun o _____ yma. (Caernarfon)

4) Rydw i fy hunan o _____. (Llanbradach)

5) Maen nhw'n mynd i _____. (Machynlleth)

6) Cer i ofyn i _____ arall. (rhywun)

7) Rydw i'n clywed dy fod yn dod o _____ Ffestiniog. (Blaenau)

8) Rho'r llyfrau i _____ ferch arall. (dwy)

9) Rho fwyd i _____ eraill. (pobl)

10) Wyt ti'n mynd i _____ y gwaith heddiw? (gorffen)

11) Rhaid i mi fynd at _____ arall. (meddyg)

12) Tafla'r bêl at _____ arall. (bachgen)

13) Ar ôl mynd i _____ fy ffrind byddaf wedi gorffen. (talu)

14) Mae dwy fenyw o _____ yma. (Tonyrefail)

15) Fe gewch chi fynd i _____ yfory. (Caerllion)

Y Cod Marcio

O dan gystrawen wallus	∿∿
O gwmpas gwall treiglo	O
O dan wall sillafu	—
Uwchben gwall atalnodi	×
Paragraff newydd	/
Camddefnyddio priflythyren	◻
I rannu geiriau e.e. ar)wahân	)
Fi gan i fyn<u>u</u> ∿∿∿	
dau ©i i'r [c]ymry	

Defnyddiwch y cod marcio i ddangos y camgymeriadau yn y darn hwn, ac yna ysgrifennwch ef yn gywir.

ydy mam ti gartref gofynnodd y plismon ir Bachgen bach yn eistedd ar carreg y drws. ydy mae hi gartref dywedodd e. Curodd y plismon ar y drws yn galed ond chafodd e ddym ateb. trodd y plismon at y bachgyn a dweid. roedd fin meddwl bod Mam ti gartref. ydy hi yn atebodd y bachgen ond dydw i ddim yn bew yn y ty yma

_____
_____
_____
_____
_____
_____
_____
_____
_____

Yr Amser Gorffennol (1)

DYSGU

Dysg**ais** i	Dysg**on** ni
Dysg**aist** ti	Dysg**och** chi
Dysg**odd** e / hi	Dysg**on** nhw

Mae **treiglad meddal**:

1) Ar ôl ***fe.***
   Fe **dd**ysgais i'r gerdd.
   Fe **g**lywodd e'r gloch.

2) Mewn cwestiwn:
   Ddysgaist ti'r gwaith?
   Welaist ti'r gêm?

Mae **P, T, C** yn **treiglo'n llaes** a
B, D, G, Ll, M, Rh yn **treiglo'n feddal** ar ddechrau brawddeg negyddol:

Chlywais i mohonot ti'n dod.
Phrynodd e mo'r llyfr.
Fwytais i mo'r siocled, wir!

Ymarferion

Cofiwch fod '**Fe**' yn achosi **treiglad meddal.**

1) Fe _____ i'r gwaith cartref yn drwyadl. (dysgu)

2) Fe _____ ni i'r ysgol ddoe. (cerdded)

3) Fe _____ nhw'r gêm ar y teledu. (gwylio)

4) Fe _____ ti'r tocynnau yn rhy hwyr. (prynu)

5) Fe _____ chi eich bysedd. (llosgi)

6) Fe _____ hi'n drwm. (cysgu)

7) Fe _____ e ei frecwast. (bwyta)

8) Fe _____ chi'r rhaff yn galed. (tynnu)

9) Fe _____ di'r llestri. (malu)

10) Fe _____ i fy nghrys. (rhwygo)

Cofiwch fod cwestiwn yn **treiglo'n feddal.**

11) _____ chi i'r ysgol heddiw? (rhedeg)

12) _____ i ti ddoe? (gweld)

13) _____ nhw y ras? (gorffen)

14) _____ hi'r dillad? (prynu)

15) _____ ti am y disgo? (cofio)

Cofiwch sut mae **brawddegau negyddol** yn treiglo.

16) _____ i ddim cardiau iddo fe. (gwerthu)

17) _____ ti ddim am y cyfarfod. (cofio)

18) _____ ni ddim am y cylchgrawn. (talu)

19) _____ nhw ddim yn y wers. (dysgu)

20) _____ e mo'r llyfr. (prynu)

Y Gorchmynnol

TI	CHI
Rydym yn defnyddio **ti** gydag **un** person.	Rydym yn defnyddio **chi** gyda **llawer** o bobl.
Rydym yn defnyddio **ti** gyda **ffrindiau**	I fod yn gwrtais rydym yn defnyddio 'chi' gyda phobl hŷn fel **athrawon** ac **oedolion** er mwyn dangos parch.
wyt ti?	ydych chi?
dy enw **di**	**eich** enw **chi**
dy (+treiglad meddal)	**eich** (dim treiglad)
os gwel**i di**'n dda	os gwel**wch chi**'n dda
help**a** fi	help**wch** fi
esgusod**a** fi	esgusod**wch** fi
dere / tyrd	de**wch**
cer / dos	cer**wch** / e**wch**
gwn**a**	gwne**wch**
bydd	bydd**wch**
paid	peid**iwch**
rho	rho**wch**
eistedd**a**	eistedd**wch**
cefaist ti **dy** ...	cawsoch chi **eich** ...

Ymarferion

Rydych chi yn siarad ag **un** ffrind:

1) Beth ydy ____ enw di? (dy / eich)
2) Ble mae ____ waith cartref? (dy / eich)
3) _____ â chicio'r bêl mor galed. (paid / peidiwch)
4) Dere'n gyflym os _____ ____ 'n dda. (gweli di / gwelwch chi)
5) _____ yn dawel, paid â gweiddi. (bydd / byddwch)
6) _____ wrth fy ymyl i. (eistedda / eisteddwch)

Rydych chi nawr yn siarad â **phedwar neu bump** o'ch ffrindiau:

7) _____ y pensil i mi. (pasia / pasiwch)
8) _____ i chwarae ar y cae. (dere / dewch)
9) Gwnewch _____ gorau. (dy / eich)
10) _____ i chwilio am Mr Rhys. (cer / ewch)
11) _____ chi fy helpu i? (wnei / wnewch)

Rydych chi nawr yn siarad gydag **athro**:

12) Os _____ chi'n dda, dydw i ddim yn deall. (gwelwch / gweli)
13) _____ ____ eisiau help? (ydych chi / wyt ti)
14) ____ bag chi ydy hwn? (eich / dy)
15) _____ yn y gadair hon. (eistedda / eisteddwch)

'Fy .... i'

Daw **treiglad trwynol** ar ôl **fy** :

p > mh	fy **mh**en i
t > nh	fy **nh**ei i
c > ngh	fy **ngh**oes i
b > m	fy **m**ys i
d > n	fy **n**ant i
g > ng	fy **ng**wely i

Cefais i fy **n**al / Cefais i fy **ngh**icio

Daw **treiglad trwynol** hefyd ar ôl **yn**, ond edrychwch ar y ffordd mae'n newid:

P	y**m Mh**owys	B	y**m M**angor
		M	y**m M**aesycymer
T	y**n Nh**redegar	D	y**n N**inbych
C	y**ng Ngh**aerffili	G	y**ng Ng**wynedd

Ymarferion

1) Fy _____ i yw hwnna. (ci)
2) Mae fy _____ i yn dod o Sbaen. (teulu)
3) Yn fy _____ i mae'r arian. (poced)
4) Rydw i'n meddwl bod fy _____ i'n barod. (cinio)
5) Gallaf weld fy _____ i ar y wal. (cysgod)
6) Rydw i'n hoff iawn o fy _____ ysgol i. (gwisg)

7) Roedd y llyfr ar fy _____ i. (bwrdd)

8) Rydw i wedi gorffen fy _____ cartref i. (gwaith)

9) Mae fy _____ i'n cosi. (gên)

10) Ydy fy _____ i'n barod? (bwyd)

11) Mae fy _____ i'n lân. (dannedd)

12) Mae fy _____ i'n rhy boeth o lawer. (bàth)

13) Siôn sy'n chwerthin am fy _____ i. (pen)

14) Roedd Mair yn fy _____ i. (tynnu)

15) Paid â fy _____ i. (bwyta)

16) Pwy sy'n fy _____ i heddiw? (dysgu)

17) Wyt ti'n gallu fy _____ i? (gweld)

18) Rwyt ti wedi fy _____ i yn y cwpwrdd. (dal)

19) Roeddech chi wedi fy _____ i yn y ras. (curo)

20) Maen nhw yn fy _____ i. (gwylio)

Rhowch 'yn' o flaen y canlynol:

car y ferch ____ ____ ___ ____

Caerdydd ____ ____

Pwllheli ____ ____

Tregaron ____ ____

bwyd y gath ____ ____ ___ ____

Machen ____ ____

Gwlad yr Haf ____ ____ ____

Bedwellte ____ ____

Dolaucothi ____ ____

poced fy nghôt ____ ____ ___ ____

gwaelod yr esgid ___ ____ ___ ____

Yr Anthem Genedlaethol

Mae hen wlad fy nhadau
Yn annwyl i mi.
Gwlad beirdd a chantorion
Enwogion o fri.
Ei gwrol ryfelwyr
Gwladgarwyr tra mad
Tros ryddid collasant eu gwaed.

Gwlad, gwlad, pleidiol wyf i'm gwlad
Tra môr yn fur i'r bur hoff bau
O bydded i'r heniaith barhau.

Rydw i...

(BOD – y presennol)

Cadarnhaol

Rydw i	Rydyn ni
Rwyt ti	Rydych chi
Mae ef / hi	Maen nhw

Negyddol

Dydw i ddim	Dydyn ni ddim
Dwyt ti ddim	Dydych chi ddim
Dydy ef / hi ddim	Dydyn nhw ddim

Gofynnol

Ydw i?	Ydyn ni?
Wyt ti?	Ydych chi?
Ydy ef / hi?	Ydyn nhw?

Ymarferion

1) _____ i'n hoffi'r haf.

2) _____ i ddim yn hoffi codi'n gynnar.

3) _____ ti'n hoff o fwyd blasus?

4) _____ ti ddim yn mynd at ddeintydd da.

5) _____ e ddim yn gallu dod y deunawfed o Fedi.

6) _____ ni'n mynd yr ugeinfed o Ragfyr.

7) _____ hi'n hoffi'r dillad sydd gennyf i.

8) _____ chi ddim yn cael gwylio fy nheledu.

9) _____ nhw'n aros yng Nghaerdydd?

10) _____ ti'n un o Gaerffili.

11) _____ nhw ddim yn hoff o fy ngwaith.

12) _____ i'n mynd atoch chi heddiw?

13) _____ nhw'n siarad amdanon ni.

14) _____ e'n dweud bod y bai arnat ti.

15) _____ hi'n edrych arnaf i?

16) Weithiau _____ chi'n siarad gormod.

17) _____ chi'n gallu gorffen y gwaith i gyd?

18) _____ ni ddim yn adnabod llawer o bobl.

19) _____ e'n rhoi cerdyn iddi hi?

20) _____ ni ddim yn gallu gofyn i dy frodyr ar hyn o bryd.

Y Dyddiad yw...

1 Y cyntaf	**2** Yr ail	**3** Y trydydd	**4** Y pedwerydd	**5** Y pumed
6 Y chweched	**7** Y seithfed	**8** Yr wythfed	**9** Y nawfed	**10** Y degfed
11 Yr unfed ar ddeg	**12** Y deuddegfed	**13** Y trydydd ar ddeg	**14** Y pedwerydd ar ddeg	**15** Y pymthegfed
16 Yr unfed ar bymtheg	**17** Yr ail ar bymtheg	**18** Y deunawfed	**19** Y pedwerydd ar bymtheg	**20** Yr ugeinfed
21 Yr unfed ar hugain	**22** Yr ail ar hugain	**23** Y trydydd ar hugain	**24** Y pedwerydd ar hugain	**25** Y pumed ar hugain
26 Y chweched ar hugain	**27** Y seithfed ar hugain	**28** Yr wythfed ar hugain	**29** Y nawfed ar hugain	**30** Y degfed ar hugain

31 Yr unfed ar ddeg ar hugain	...o Ionawr ...o Chwefror ...o Fawrth ...o Ebrill	...o Fai ...o Fehefin ...o Orffennaf ...o Awst	...o Fedi ...o Hydref ...o Dachwedd ...o Ragfyr

Ysgrifennwch y dyddiadau hyn yn llawn, e.e.

	Mawrth 23	Y trydydd ar hugain o Fawrth
1	18 / 5	
2	Rhagfyr 31	
3	14 / 6	
4	Tachwedd 16	
5	19 / 7	
6	Medi 15	
7	30 / Ionawr	
8	Awst 14	
9	1 / Chwefror	
10	Mehefin 25	

Atalnodi

,	atalnod	i ddangos oedi mewn brawddeg
.	atalnod llawn	i ddangos diwedd brawddeg
'	collnod	i ddangos bod llythrennau ar goll
' '	dyfynodau	i ddangos teitlau
" "	dyfynodau dwbl	i ddangos pobl yn siarad mewn stori
?	gofynnod (marc cwestiwn)	ar ddiwedd cwestiwn
!	ebychnod	i ddangos braw neu syndod
^	acen grom (to bach)	ar ben llafariad hir (weithiau)
( )	cromfachau	er mwyn ychwanegu gwybodaeth
N	priflythyren	ar ddechrau brawddeg, enw person, lle, teitlau.

Ymarferion

1) help gwaeddodd sion yn uchel rydw in boddi

2) maer merched mair a helen yma hefyd

3) wyt tin cofio mai yng nghonwy mae carys yn byw gofynnodd nia

4) enwr llong oedd the victory

5) mae ty huw yn nhyddewi

6) Eisteddwch i lawr sgrechiodd hefin nerth ei ben

7) faint or plant syn aros ym machen

8) roedd eluned yn byw tu allan i gaerfyrddin

9) wyt tin siwr ei fod yn dod o lanelli gofynnodd marc

10) mae manceinion yn well tim na lerpwl dywedodd einir

Ei / Eu

ei – *his / her* **eu** – *their*

Ar ôl ei *(his)* daw **treiglad meddal**:
ei **b**en ef   ei **f**wyd ef   ei **l**aw ef
ei **d**roed ef   ei **dd**annedd ef   ei **f**am ef
ei **g**ath ef   ei _waith ef   ei **r**aw ef

Ar ôl ei *(her)* daw **treiglad llaes**:
ei **ph**en hi   ei bwyd hi   ei llaw hi
ei **th**roed hi ei dannedd hi   ei mam hi
ei **ch**ath hi   ei gwaith hi   ei rhaw hi

hefyd daw '**h**' o flaen llafariaid:
ei **h**ysgol hi   ei **h**afalau hi   ei **h**esgid hi

Ar ôl eu *(their)* ni ddaw treiglad, dim ond '**h**' o flaen llafariaid:
eu **h**ysgol nhw   eu **h**afalau nhw   eu **h**esgidiau nhw

Ymarferion

Mae **ei *(his)*** yn achosi **treiglad meddal**.

1) Mae gennyf i ei _____ e. (llyfr)

2) Oes gennyt ti ei _____ e? (gwaith)

3) Dydyn ni ddim yn ei _____ e. (credu)

4) Rho ei _____ iddo fe. (beiro)

5) Gaf i weld ei _____ e? (teledu)

Mae **ei** *(her)* yn achosi **treiglad llaes** **(ac 'h' o flaen llafariaid).**

1) Mae hi yn ei _____ hi. (cartref)

2) Ydy ei _____ wedi torri? (esgidiau)

3) Dydy hi ddim yn hoffi ei _____. (tŷ)

4) Mae ei _____ yn rhy fach. (pabell)

5) Mae dwy chwaer gan ei _____ hi. (mam)

Nid yw **eu** *(their)* yn achosi treiglad ond **daw 'h' o flaen llafariaid.**

1) Ble mae eu _____ nhw? (ysgolion)

2) Dyma'u _____ nhw. (bwyd)

3) Eu _____ nhw ydy hon? (cath)

4) Mae eu _____ wedi dianc. (eliffant)

5) Mae eu _____ yn dda iawn. (iaith)

Gan

gennyf i does gennyf i ddim	gennyn ni does gennyn ni ddim
gennyt ti does gennyt ti ddim	gennych chi does gennych chi ddim
ganddo fe does ganddo fe ddim	ganddyn nhw does ganddyn nhw ddim
ganddi hi does ganddi hi ddim	

Daw **treiglad meddal** pan fydd **gan** yn torri ar draws y frawddeg:

Mae gennyf i **w**aith.
Mae ganddi hi **b**ensil.
Mae gennyt ti **l**yfr.
Mae gan y plant yn y dosbarth arall **f**ochyn cwta.
Does ganddyn nhw **dd**im bwyd.

O.N Mae **wrth** yn dilyn yr un patrwm:

Dywedodd **wrthyf** ganwaith.

Dywedwch **wrthi** hi heno.

Ymarferion

COFIWCH: Ysgrifennwch ffurf ar **gan** a'r gair sydd rhwng cromfachau ym mhob brawddeg. Peidiwch â threiglo ar ôl '**dim**'.

1) Mae _____ i _____ yn fy mag. (brechdanau)
2) Does _____ fe ddim _____ heno. (gwaith)
3) Mae _____ chi _____ hir i'r ysgol. (taith)
4) Does _____ ni ddim ____. (pêl)
5) Mae _____ nhw _____ hyll. (cwpan)
6) Mae _____ fe _____ i bump yn y car. (lle)
7) Does _____ i ddim _____ o fwyd. (digon)
8) Mae _____ nhw _____ o bwyntiau. (mwy)
9) Mae _____ chi ____ mawr. (ci)
10) Does _____ hi ddim _____. (gobaith)
11) Mae _____ ni ____ brawd. (tri)
12) Does _____ chi ddim _____ ar ôl. (poteli)
13) Mae ____ ti ____ o chwiorydd. (llawer)
14) Mae _____ hi ____ da. (cof)
15) Does ____ ti ddim ____. (beiro)
16) Mae _____ i _____ gwyn. (crys)
17) Mae _____ ni _____ newydd. (beiciau)
18) Mae _____ hi _____ gwych. (teledu)
19) Does _____ nhw ddim _____. (rhaw)
20) Mae _____ ti _____ yn dy drwyn. (modrwy)

Enwau Lleoedd

Aberbargod-*Aberbargoed*
Aberdâr-*Aberdare*
Aberdaugleddau-*Milford Haven*
Abergwaun-*Fishguard*
Aberhonddu-*Brecon*
Aberpennar-*Mountain Ash*
Abertawe-*Swansea*
Aberteifi-*Cardigan*
Afon Menai-*Menai Straits*
Amwythig-*Shrewsbury*
Ariannin-*Argentina*
Awstralia-*Australia*
Awstria-*Austria*
Bannau Brycheiniog-*Brecon Beacons*
Bedwellte-*Bedwellty*
Biwmares-*Beaumaris*
Bro Morgannwg-*Vale of Glamorgan*
Brynbuga-*Usk*
Bryste-*Bristol*
Caer-*Chester*
Caer-gaint-*Canterbury*
Caer-grawnt-*Cambridge*
Caerdydd-*Cardiff*
Caeredin-*Edinburgh*
Caerfaddon-*Bath*
Caerffili-*Caerphilly*
Caerfyrddin-*Carmarthen*
Caergybi-*Holyhead*
Caerliwelydd-*Carlisle*
Caerllion-*Caerleon*
Caerloyw-*Gloucester*
Caint-*Kent*
Casgwent-*Chepstow*

Casllwchwr-*Loughor*
Casnewydd-*Newport*
Castell-nedd-*Neath*
Ceinewydd-*Newquay*
Cernyw-*Cornwall*
Clawdd Offa-*Offa's Dyke*
Coed-duon-*Blackwood*
Crughywel-*Crickhowell*
Cwm Rhymni-*Rhymney Valley*
Cymru-*Wales*
Dinbych-y-pysgod-*Tenby*
Dinbych-*Denbigh*
Dulyn-*Dublin*
Dyfrdwy-*Dee*
Efrog Newydd-*New York*
Eryri-*Snowdonia*
Gŵyr-*Gower*
Glyn Ebwy-*Ebbw Vale*
Groeg-*Greece*
Gwy-*Wye*
Hafren-*Severn*
Hendy-gwyn ar Daf-*Whitland*
Henffordd-*Hereford*
Hwlffordd-*Haverfordwest*
Iwerddon-*Ireland*
Lerpwl-*Liverpool*
Llanbedr Pont Steffan-*Lampeter*
Llandaf-*Llandaff*
Llanelwy-*St. Asaph*
Llanfair-ym-Muallt-*Builth Wells*
Llanilltud Fawr-*Llantwit Major*
Llanymddyfri-*Llandovery*
Lloegr-*England*
Llundain-*London*

Llydaw-*Brittany*
Maesycymer-*Maesycwmmer*
Manceinion-*Manchester*
Merthyr Tudful-*Merthyr Tudfil*
Môr Udd-*English Channel*
Morgannwg-*Glamorgan*
Pen-y-bont ar Ogwr-*Bridgend*
Penarlâg-*Hawarden*
Pontypwl-*Pontypool*
Porthaethwy-*Menai Bridge*
Prydain-*Britain*
Rhufain-*Rome*
Rhydaman-*Ammanford*
Talyllychau-*Talley*
Trefaldwyn-*Montgomery*
Trefdraeth-*Newport*
Treffynnon-*Holywell*
Tyddewi-*St. David's*
Wrecsam-*Wrexham*
Y Bargod-*Bargoed*
Y Bont-faen-*Cowbridge*
Y Drenewydd-*Newtown*
Y Gelli-*Hay*
Y Trallwng-*Welshpool*
Ynys Enlli-*Bardsey Island*
Ynys Môn-*Anglesey*
Ynys Seiriol-*Puffin Island*
Yr Aifft-*Egypt*
Yr Alban-*Scotland*
Yr Almaen-*Germany*
Yr Eidal-*Italy*
Yr Wyddfa-*Snowdon*
Yr Wyddgrug-*Mold*

At

ataf i	aton ni
atat ti	atoch chi
ato fe / ati hi	atyn nhw

Yr un yw'r patrwm yn achos:
dan, am (**amdan-**) ar (**arn-**).

Tafla'r bêl **at**af i.

Rhedwch **at**on ni.

Ydyn nhw'n siarad **amdan**i hi?

Rydw i wedi clywed straeon **amdan**och chi.

Mae'r bai i gyd **arn**at ti.

Mae'r ceffyl yn barod. Eistedda **arn**o.

Ymarferion

1) Dacw'r *gadair*. Rho dy gôt _____ hi. (ar)

2) Dyna'r *bont* yr aeth y cwch _____ hi. (dan)

3) Rydw i wedi clywed llawer o sôn _____ ti. (am)

4) Mae'r tarw yn rhedeg _____ fe. (at)

5) Roedd llawer o bwysau _____ chi. (ar)

6) Pwy sy'n siarad _____ nhw? (am)

7) Mae llawer o bobl yn byw yn y fflat _____ i. (dan)

8) Cer _____ nhw. (at)

9) Roedd annwyd trwm _____ i. (ar)

10) Tynnais fy nghôt yn dynn _____ i. (am)

11) Ewch â'r bwyd oddi _____ nhw. (ar)

12) O _____ ni mae dau lawr arall. (dan)

13) Aeth Marc _____ ti i gwyno. (at)

14) Mae galw mawr _____ nhw yn Iwerddon. (am)

15) Does neb yn mynd _____ hi i siarad. (at)

16) Paid â gwrando _____ fe. (ar)

17) Fyddai Elin byth yn edrych _____ ti. (ar)

18) Pwy sy'n poeni _____ hi? (am)

19) Rhedodd y plant _____ ni. (at)

20) Cerddodd Wil yn araf _____ i. (at)

Mewn / Yn

Mewn – *in a*

Yn y – *in the*

Rydw i'n byw **mewn** fflat.

Rydw i'n byw **yn y** fflat uchaf.

Defnyddiwch **yn** gydag enwau lleoedd:

Roeddwn i'n byw **ym M**achynlleth

Rydw i'n adnabod dyn sy'n byw **yng Ngh**ynwyd.

Cofiwch fod 'yn' yn achosi **treiglad trwynol**:

y**m Mh**orthaethwy	y**m M**organnwg
y**n Nh**onypandy	y**n n**ant y fenyw
y**ng ngh**ar y wraig	y**ng ng**olwg yr athro
	y**m M**achen

Ymarferion

1) Mae Annest yn byw yn _____. (Treforys)

2) Mae'r arian _____ _____ y bachgen. (yn+poced)

3) Roedd y boen _____ _____ y ferch. (yn+coes)

4) Mae rhywbeth diddorol _____ _____ y disgybl. (yn+gwaith)

5) Oeddet ti'n cysgu _____ Abertridwr? (yn / mewn)

6) Mae twll _____ _____ yr athrawes. (yn+maneg)

7) Rydw i _____ dosbarth da. (yn / mewn)

8) Roeddet ti'n byw _____ tŷ coch. (yn / mewn)

9) Roeddet ti'n byw _____ y tŷ coch. (yn / mewn)

10) Mae brechdanau _____ _____ fy mrawd. (yn+bag)

Gwybod / Adnabod

Adnabod lle neu rywun
ond
Gwybod rhywbeth.

Dydw i ddim yn **adnabod** Elin.

Rydw i'n **adnabod** Llangefni yn dda.

Wyt ti'n **adnabod** Eluned?

Pwy sy'n **gwybod** ble mae Gwynedd?

Ymarferion

1) Wyt ti'n _____ Siân?

2) Roeddwn i'n _____ dy fod ti'n dod.

3) Pwy sy'n _____ Aberteifi yn dda?

4) Ydych chi'n _____ faint o'r gloch yw hi?

5) Rydw i'n _____ yr heol yn dda.

6) Dydw i ddim yn _____ y Bala.

7) Dydw i ddim yn _____ dim amdanat ti.

8) Rydw i'n _____ y gwaith i gyd.

9) Wyt ti'n ei _____ e ers amser?

10) Roeddwn i'n _____ Maureen yn dda ers talwm.

Arddodiaid

am	ar	at
dan	dros	drwy
gan	heb	hyd
i	o	wrth

Daw **treiglad meddal** ar ôl pob un o'r uchod:

Llawer o **b**obl
Rydw i'n mynd i **G**aerfyrddin
Maen nhw'n dod o **D**ir-y-berth
Prynais y crys am **dd**eg punt
Ar **l**awes fy nghrys

Ymarferion

1) Mae dros _____ o _____ yn byw yma. (mil/pobl)

2) Ar _____ y flwyddyn bydd profion. (diwedd)

3) Rydw i am _____ fy mwyd yn y ffreutur. (bwyta)

4) Aeth y car drwy _____. (twnnel)

5) Rhedais i'r ysgol heb _____ fy ffordd. (colli)

6) Cerddais at _____ yn y gornel. (gwely)

7) Bydd fy nhad yn mynd i _____. (Llangernyw)

8) Cysgodod y bechgyn dan _____ lydan. (pont)

9) Gan _____ i'r ysgol, cyrhaeddodd Huw cyn y gloch. (rhedeg)

10) Wnest ti siarad am _____ y ferch? (braich)

11) Es i i'r ysgol heb _____. (côt)

12) Cer i _____. (Bangor)

13) Mae llawer o _____ da yma. (lleisiau)

14) Aethon nhw i _____ 'r lleidr. (rhwystro)

15) Ewch i _____. (dathlu)

Yr Amser Gorffennol (2)

MYND

Es i	Aethon ni
Est ti	Aethoch chi
Aeth e / hi	Aethon nhw

DOD

Des i	Daethon ni
Dest ti	Daethoch chi
Daeth e / hi	Daethon nhw

CAEL

Cefais i	Cawson ni
Cefaist ti	Cawsoch chi
Cafodd e / hi	Cawson nhw

GWNEUD

Gwnes i	Gwnaethon ni
Gwnest ti	Gwnaethoch chi
Gwnaeth e / hi	Gwnaethon nhw

Ymarferion

1) _____ i at y deintydd ddoe. (mynd)
2) _____ ni ormod i'w fwyta yn y parti. (cael)
3) _____ nhw eu gwaith cartref ar y bws. (gwneud)
4) Ar fore Nadolig _____ e feic newydd. (cael)
5) _____ i'r cinio neithiwr. (gwneud)
6) _____ hi i Nefyn ddoe. (mynd)
7) Ar ein gwyliau _____ ni lawer o bethau diddorol. (gwneud)
8) _____ i ar y bws bore 'ma. (dod)
9) _____ nhw gêm wych ddoe. (cael)
10) Rydw i'n credu y _____ hi ar y trên. (dod)
11) I ba ysgol _____ ti? (mynd)
12) _____ nhw i Gydweli ar y bws. (mynd)
13) Peidiwch â phoeni, _____ chi eich gorau. (gwneud)
14) _____ ni mewn car. (dod)
15) _____ chi aton ni o Rydfelen. (dod)
16) _____ i fy ngeni yn Nolgellau. (cael)
17) _____ e gastell yn y tywod. (gwneud)
18) Ble _____ ti dy eni. (cael)
19) _____ ti dy waith cartef yn hwyr! (gwneud)
20) _____ ti i'r ymarfer yn gynnar. (dod)

Cael

Cadarnhaol

Caf i	Cawn ni
Cei di	Cewch chi
Caiff e / hi	Cân nhw

Negyddol

Chaf i ddim	Chawn ni ddim
Chei di ddim	Chewch chi ddim
Chaiff e / hi ddim	Chân nhw ddim

Gofynnol

Gaf i?	Gawn ni?
Gei di?	Gewch chi?
Gaiff e / hi?	Gân nhw?

Gaf i **l**yfr newydd? – Cei / Na chei

Gawn ni **f**ynd i mewn? – Cewch / Na chewch

Gaiff Kelly **dd**od gyda fi? – Caiff / Na chaiff

Chaf i ddim mynd allan heno.

Ymarferion

Cofiwch am y treiglad meddal:
Gaf i **l**yfr arall? / Fe **g**awn ni.

1) _____ ni chwarae criced?
2) Fe _____ chi ddechrau nawr.
3) _____ ni ddim aros yma.
4) Gaf i _____? (gorffen)
5) _____ hi ddim gwylio'r teledu.
6) Gaiff hi _____? (dechrau)

7) _____ i ddim nofio.

8) Gaf i _____ ar y CD? (gwrando)

9) Fe _____ e ddarllen nawr.

10) Gawn ni _____ newydd? (llyfrau)

11) _____ i fenthyg beiro?

12) Fe gewch chi _____ hefyd. (mynd)

13) Fe _____ nhw ddod hefyd.

14) _____ chi ddim dringo dros y wal.

15) Gawn ni _____ hefyd? (rhedeg)

16) _____ di ddod allan heno?

17) Fe _____ di weld!

18) Fe _____ i orffen y gwaith heno.

19) Gaf i _____ y llun? (gweld)

20) _____ nhw ddim mynd ar y trip.

I

i mi	i ni
i ti	i chi
iddo fe / **iddi** hi	**iddyn** nhw

Rho'r gwaith **i** Tracey, wedyn rho'r bag **iddi hi**.
Cynigia'r bara **iddyn nhw**.
Iddo fe mae'r llyfr yn perthyn.
Gadewch y gweddill **i mi**.

> Cofiwch fod 'i' yn achosi
> **treiglad meddal**:
> Rydw i'n mynd **i b**rynu sglodion.

Ymarferion

1) Roeddwn i'n mynd i _____ y gêm. (gweld)

2) Pasia'r bêl _____ fe. (i)

3) Rhowch y llyfrau yn ôl _____ nhw. (i)

4) I _____ mae'r gôt hon yn perthyn. (chi)

5) Byddaf yn mynd i _____ Tudful bob wythnos. (Merthyr)

6) I _____ un sy'n ffyddlon. (pob)

7) Rhaid _____ nhw ddod heno. (i)

8) Mae'n well i _____ weithio'n galed. (ti)

9) Dyma'r gwaith sydd wedi ei adael i _____. (chi)

10) Mae hen wlad fy nhadau yn annwyl i _____. (fi)

11) Wyt ti'n mynd i _____. (Tremadog)

12) Cer i _____ 'r ci. (bwydo)

13) Maen nhw'n barod i _____. (penderfynu)

14) Dydyn ni ddim yn mynd i _____ y ddiod. (cymryd)

15) Mae'r planhigyn yn mynd i _____. (tyfu)

Termau Gramadeg

Enw (noun)
ysgol gwallt tristwch golau iaith

Ansoddair (adjective)
mawr cyflym hapus diddorol oer

Berfenw (verb-noun)
rhedeg canu llosgi siarad clywed

Arddodiad (preposition)
yn heb wrth ar heb i o

Rhagenw (pronoun)
fy dy ei ein eich eu

Ymarferion

Dywedwch pa un yw'r canlynol:

1) ein	6) eich
2) cerdded	7) bwrdd
3) poeth	8) neidio
4) llyfr	9) car
5) at	10) cyffrous

Ysgrifennwch bump **ansoddair** i ddisgrifio eich ystafell e.e. coch, bach:

_____

_____

Ysgrifennwch bum **berfenw** i ddangos yr hyn rydych yn ei wneud gyda'r nos e.e. nofio, bwyta:

_____

_____

Ysgrifennwch **enwau** deg o bethau sydd yn eich ystafell e.e. gwely, carped:

_____

_____

Tanlinellwch yr **enwau** yn y frawddeg hon:

Aeth y car dros y bont ac ar hyd y ffordd.

Tanlinellwch yr **ansoddeiriau** yn y frawddeg hon: Aeth y car coch dros y bont fach ac ar hyd y ffordd dda.

Tanlinellwch y **berfenwau** yn y frawddeg hon: Bwyta ac yfed y byddaf i ar ôl gorffen.

Cenedl (1)

*p*êl – y *b*êl – y *p*eli

*t*aith – y *d*aith – y *t*eithiau

*c*ath – y *g*ath – y *c*athod

*b*och – y *f*och – y *b*ochau

*d*eilen – y *dd*eilen – y *d*ail

*g*wers – y _wers – y *g*wersi

*m*erch – y *f*erch – y *m*erched

Mae **enwau benywaidd unigol** yn **treiglo'n feddal** ar ôl 'y':

y *f*erch, y *f*am, y *g*yllell.

Nid yw **ll** na **rh** yn treiglo ar ôl **y**:

y *ll*echen, y *rh*wyf

Ymarferion

Rhowch '**y**' o flaen y geiriau hyn:
(Mae enwau benywaidd wedi eu hitaleiddio)

daear

_____

bwyell

_____

gŵyl

_____

taith

_____

modrwy

cerrig

llaw

tad

rhaw

poteli

eb *(nf)*	enw benywaidd
eg *(nm)*	enw gwrywaidd

Edrychwch mewn geiriadur i weld beth yw cenedl y geiriau hyn a defnyddiwch nhw mewn brawddegau i ddangos y treiglad:

cadair

llwy

to

breichled

tref

Mae'r terfyniadau hyn, fel arfer, yn arwydd fod y gair yn fenywaidd:
-**fa** e.e. y *g*am*p*fa, yr -o*l*y*g*fa
-**aeth** e.e. y *g*ymhariaeth, y *f*uddugoliaeth
Eithriadau - gwahaniaeth, gwasanaeth
-**en** e.e. y **dd**eilen, yr hoelen, y **g**oeden
-**ell** e.e. y **b**lyg*e*ll, y **g**yfrifiannell
-**as** e.e. y **b**riodas, y **d**eyrnas, y **dd**inas
(Sylwch ar y treigladau)

Cenedl (2)

Roedd hi'n f*erch* **gyflym**
Roedden nhw'n *ferched* **cyflym**

Roedd y *gadair* **fawr** wedi torri
Roedd y *cadeiriau* **mawr** wedi torri

Ble mae'r ddwy *fodrwy* **goch**?
Ble mae'r *modrwyau* **coch**?

Y *ffenestr* **wydr**
Y *ffenestri* **gwydr**

Y *wers* **ddiddorol**
Y *gwersi* **diddorol**

'*y fforc* **f**wyaf', '*y bont* **dd**u', '*cath* **w**en'.

Pan ddaw **ansoddair** ar ôl enw benywaidd unigol, bydd yn **treiglo'n feddal**.

Rhowch yr ansoddeiriau hyn (mawr, bach, du, cyflym) ar ôl yr enwau hyn:

Ymarferion

bachgen

chwaer

llygoden

llyfr

ci

esgidiau

ffenestr

drws

car

ysgol

Os yw'r enw yn lluosog, nid oes treiglo.

1) Dydyn nhw ddim yn taflu'r _____ ati hi. *(pêl)*

2) Mae hi'n *deml* _____. (mawr)

3) Mae ganddi *graig* _____ yn ei gardd. (llwyd)

4) Dyma'r _____ fwyaf yn y stryd. *(gardd)*

5) Dyna'r *stryd* _____ yn y dref. (culaf)

6) Cer i'r _____ ar unwaith. *(tref)*

7) Ydy hi'n *wlad* _____? (poeth)

8) Ydy'r _____ yn llosgi. (tân)

9) Pwy sy'n siarad am y _____ ? *(planedau)*

10) Dyma'r _____ gryfaf yn y wlad. *(gwraig)*

Ambell Wall

Weithiau ✓	**Rhai weithiau** ✗
Gormod ✓	**Rhy gormod** ✗
Y plant i gyd ✓	**I gyd o'r plant** ✗
Mae gennyf i ✓	**Fi'n cael** ✗
Does dim ✓	**Mae dim** ✗
Prynu ci i fi ✓	**Prynu fi ci** ✗
Heb fynd ✓	**Heb di mynd** ✗
Petai ✓	**Os buasai** ✗

Gweddi'r Arglwydd

Ein Tad, yr hwn wyt yn y nefoedd sancteiddier dy enw, deled Dy deyrnas, gwneler dy ewyllys megis yn y nef felly ar y ddaear hefyd. Dyro i ni heddiw ein bara beunyddiol a maddau i ni ein dyledion fel y maddeuwn ninnau i'n dyledwyr a nac arwain ni i brofedigaeth eithr gwared ni rhag drwg, canys eiddot Ti yw'r deyrnas a'r nerth a'r gogoniant yn oes oesoedd Amen.

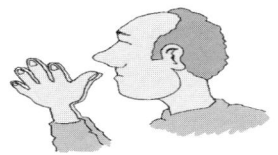

Anifeiliaid
Pysgod, Adar a Phryfetach

aderyn – adar – *bird*

alarch – elyrch – *swan*

arth – eirth – *bear*

baedd – -od – *boar*

barcut – -iaid – *kite*

blaidd – bleiddiaid – *wolf*

brân – brain – *crow*

brithyll – -od – *trout*

broga – -od – *frog*

buwch – gwartheg – *cow*

cacynen – cacwn – *bumble bee*

cadno – -aid – *fox*

carw – ceirw – *deer*

caseg – cesig – *mare*

cath – -od – *cat*

ceffyl – -au – *horse*

ceiliog – -od -*cockerel*

ci – cŵn – *dog*

cimwch – cimychiaid – *lobster*

cleren – clêr – *fly*

cwcw – cwcŵod – *cuckoo*

colomen – -nod – *pigeon*

corgi – corgwn – *corgi*

corryn – corynnod – *spider*

cranc – -od – *crab*

crwban – -od – *tortoise*

cwningen – cwningod – *rabbit*

chwannen – chwain – *flea*

chwilen – chwilod – *beetle*

dafad – defaid – *sheep*

deinosor – deinosoriaid – *dinosaur*

draenog – -od – *hedgehog*

dryw – -od – *wren*

dyfrgi – dyfrgwn – *otter*

ehedydd – -ion – *skylark*

eliffant – -od – *elephant*

eog – -iaid – *salmon*

eos – -iaid – *nightingale*

eryr – -od – *eagle*

gafr – geifr – *goat*

gast – geist – *bitch*

glöyn byw – gloynnod byw – *butterfly*

gwadd – -od – *mole*

gwenci – gwencïod – *weasel*

gwennol – gwenoliaid – *swallow*

gwenynen – gwenyn – *bee*

gwenynen feirch – gwenyn meirch - *wasp*	**march** – meirch – *stallion*
gwiber – -od – *viper*	**milgi** – milgwn – *greyhound*
gwiwer – -od – *squirrel*	**mochyn** – moch – *pig*
gŵydd – gwyddau – *goose*	**mochyn daear** – moch daear – *badger*
gwyfyn – gwyfynnod – *moth*	**morfil** – -od – *whale*
gwylan – -od – *seagull*	**morgrugyn** – morgrug – *ant*
hebog – -iaid – *hawk*	**morlew** – -od – *sealion*
hwch – hychod – *sow*	**morlo** – morloi – *seal*
hwrdd – hyrddod – *ram*	**mul** – -od – *mule*
hwyaden – hwyaid – *duck*	**mwnci** – mwncïod – *monkey*
hydd – -od – *stag*	***neidr*** – nadroedd – *snake*
iâr – ieir – *chicken*	**oen** – ŵyn – *lamb*
lindysyn – lindys – *caterpillar*	**pâl** – palod – *puffin*
lleden – lledod – *plaice*	**penfras** – penfrasiaid – *cod*
lleuen – llau – *lice*	**penhwyad** – *pike*
llew – -od – *lion*	**pili pala** – *butterfly*
llewpart – -iaid – *leopard*	***pioden*** – pïod – *magpie*
llo – lloi – *calf*	**pryf copyn** – pryfed cop - *spider*
llwynog – -od – *fox*	**pysgodyn** – pysgod – *fish*
llyffant – -od – *frog*	***slefren fôr*** – slefrod môr – *jellyfish*
llygoden – llygod – *mouse*	**tarw** – teirw – *bull*
llygoden fochdew – llygod bochdew – hamster	***tylluan*** – -od – *owl*
llysywen – llyswennod – *eel*	***ysgyfarnog*** – -od – *hare*
madfall – -od – *lizard*	**ystlum** – -od – *bat*
malwoden – malwod – *snail*	

Berf ag Arddodiad

Siarad **â / ag** ...
Roeddwn i'n **siarad â'r** athrawes.

Dweud **wrth** ...
Dywedais i **wrthych** chi am y tân.

Gofyn **i** ...
Gofynnodd Ryan **i** Morgan am y gwaith.

Gwrando **ar** ...
Rydw i'n hoff o **wrando arnat** ti'n canu.

Edrych **ar** ...
Oes rhaid i mi **edrych arni** hi?

Gweiddi **ar** ...
Peidiwch â **gweiddi arnyn** nhw.

Gafael **yn** ...
Gafaelwch yn y fuwch.

Ymarferion

Cofiwch fod angen defnyddio'r ffurf gywir ar yr arddodiad e.e.

Byddaf i'n dweud <u>wrth**i**</u> **hi**.

1) Rydw i'n mynd i siarad _____ Huw.
2) Paid â dweud _____ nhw.
3) Wnewch chi roi'r gwaith _____ mi?
4) Oes raid i ti edrych _____ fi?
5) Rhaid gweiddi _____ hi.
6) Pwy sy'n mynd i siarad _____ nhw?
7) Gofynna _____ fe.
8) Dwêd _____ ni.
9) Pwy oedd wedi dweud _____ ti?
10) Allwch chi roi hwn _____ nhw?
11) Peidiwch â rhoi gormod o waith _____ ni.
12) Doedd hi ddim yn gweiddi _____ fe.
13) Allaf i ddim edrych _____ chi'n gwneud hyn.
14) Gwrandewch _____ hi.
15) Rydw i wedi rhoi'r cyfle _____ hi.
16) Rhaid i ti roi'r gwaith _____ fe.
17) Does neb yn gwrando _____ chi

Edrychwch ar y taflenni
Gan   I   At

Y Collnod

Pan ddaw llafariad o flaen **yr** mae'n newid yn **'r** :

Mae**'r** bwyd yn barod.
Dydy**'r** gwaith ddim yma.
Rwyt ti'n mynd i**'r** gêm arall.

Pan ddaw llafariad o flaen **yn** mae'n newid yn **'n** :

Ydy e**'n** barod?
Rydw i**'n** gwybod.
Pwy sy**'n** fachgen da?

Ond mae'n rhaid cadw **yn** = *in* (Saesneg) heb ei dalfyrru:
Rydw i **yn** Aberystwyth.

Ymarferion

1) Rhaid i chi fynd i _____ gwersi. (eich)
2) Mae llawer o _____ cyfnitheroedd yma. (eu)
3) Cer _____ weld ef. (i + ei)
4) Aur y byd a _____ berlau mân. (ei)
5) Y gath a _____ llygoden. (yr)
6) Dewch i _____ tŷ yfory. (ein)
7) Rhoddais y fodrwy i _____ chwaer hi. (ei)
8) Rydw i'n siŵr _____ gweld hi heno. (o+ei)
9) O bydded _____ heniaith barhau. (i + yr)
10) Bechgyn _____ llyfrau. (ac + eu)

i	+	ei	=	i'w	Aeth hi **i'w** dŷ e.
i	+	eu	=	i'w	Aethon ni **i'w** parti nhw.
a	+	ei	=	a'i	Bachgen **a'i** gi.
a	+	eu	=	a'u	Merched **a'u** ceir.
o	+	ei	=	o'i	**O'i** wlad ef.
o	+	eu	=	o'u	**O'u** pentrefi nhw.
i	+	ein	=	i'n	Dere **i'n** gweld ni.
i	+	eich	=	i'ch	Ewch **i'ch** gwelyau.

Roeddwn i...

(BOD – yr amherffaith)

Cadarnhaol

Roeddwn i	Roedden ni
Roeddet ti	Roeddech chi
Roedd e / hi	Roedden nhw

Negyddol

Doeddwn i ddim	Doedden ni ddim
Doeddet ti ddim	Doeddech chi ddim
Doedd e / hi ddim	Doedden nhw ddim

Gofynnol

Oeddwn i?	Oedden ni?
Oeddet ti?	Oeddech chi?
Oedd e / hi?	Oedden nhw?

Ymarferion

1) _____ ti yn yr ysgol ddoe?

2) _____ i ddim yn gallu ei weld e.

3) _____ hi'n mynd i Gaerwys.

4) _____ ni ddim yn credu bod y gêm yn haws.

5) _____ ti ddim yn dy dŷ neithiwr.

6) _____ i'n eistedd yn fy nghadair.

7) _____ hi yn ei char.

8) _____ nhw ddim ar yr hen fwrdd.

9) _____ ti newydd baentio'r wal.

10) _____ e'n gallu gweld cath wen ar y ffordd.

11) _____ e'n gwisgo côt felen?

12) _____ chi ddim yn chwarae â phêl gron.

13) _____ e ddim yn rhy galed.

14) _____ ni'n clywed un neu ddau yma.

15) _____ chi'n gwybod fy mod i'n dod.

16) _____ nhw wedi ymddiheuro?

17) _____ nhw'n hwyr y bore 'ma.

18) _____ i'n edrych yn goch.

19) _____ y wlad hon yn annwyl i mi.

20) _____ chi'n arfer darllen y llyfrau hyn.

F neu Ff

Mae gwahaniaeth rhwng
F ac **Ff**
wrth siarad ac ysgrifennu

faint **f**el **f**elly **f**e **f**i **f**yny

OND

ffrind ho**ff**i **ff**onio **ff**ordd gor**ff**en
ffenestr
ffilm **Ff**iseg i **ff**wrdd gwastra**ff**u
Ffrangeg

Ymarferion

1) __enestr

2) __aith

3) co__io

4) ho__i

5) __lachio

6) cy__wrdd

7) i __wrdd

8) co__restr

9) ysta__ell

10) __ordd

11) __ilm

12) cy_ri

13) de__ro

14) amddi__yn

15) cy__rifiadur

16) __rind

17) __onio

18) cy_aill

19) cy__uriau

20) gwastra__

Heb

hebof i	hebon ni
hebot ti	heboch chi
hebddo fe / hebddi hi	hebddyn nhw

Yr un yw'r patrwm gydag'r canlynol:
yn, rhag, drwy, rhwng (rhyng-):

Es i i'r ysgol heb**ddo** fe.

Does neb yn hoffi bod heb**ddyn** nhw.

Yn sydyn aeth poen drw**yddo** fe.

"Does neb am ddod rh**yngon** ni," meddai Dwynwen.

Paid â mynd rhyng**of** i a'r gôl.

"Rho'r bêl yn**ddi**," meddai Einir gan edrych ar y fasged.

Ymarferion

1) Pwy sy'n chwarae pêl-droed heb _____? (caniatâd)

2) Maen nhw wedi mynd _____ i. (heb)

3) _____ chi eich dau fydd dim digon i wneud tîm. (heb)

4) Aeth y bws _____ nhw. (heb)

5) Roedd rhywbeth _____ i â'r teledu. (rhwng)

6) Roedd Morris yn teimlo'n drist _____ hi. (heb)

7) Peidiwch â mynd _____ ni. (heb)

8) Bydd raid i mi wneud y gwaith _____ ti. (heb)

9) _____ fe byddwn i'n drist iawn. (heb)

10) Rho'r halen _____ fe. (yn)

11) Roedd e'n edrych _____ hi. (drwy)

12) "Mae'r bwyd yn well _____ fe," dywedodd Patrick gan bwyntio at yr halen. (heb)

13) Mae siwgr _____ hi. (yn)

14) Gadawodd Richard ei gi heb _____ am ddeuddydd. (bwyd)

15) Mae car _____ nhw a'r siop. (rhwng)

> **Cofiwch fod treiglad meddal ar ôl 'heb' a 'drwy'.**

unigol	lluosog
dyn **arall**	dynion **eraill**
ci **arall**	cŵn **eraill**
esgid **arall**	esgidiau **eraill**
lle **arall**	lleoedd **eraill**

fi fy hun**an**	ni ein hun**ain**
ti dy hun**an**	chi eich hun**ain**
fe ei hun**an** hi ei hun**an**	nhw eu hun**ain**

y ll**all**	y ll**eill**

Ymarferion

1) "Mae pum bachgen i fod yma; mae Mabon yma ond ble mae'r _____ (llall / lleill) i gyd?" meddai.

2) Roedd teulu _____ yn byw yma hefyd. (arall / eraill)

3) Mae llawer o ferched _____ ar y ffordd. (arall / eraill)

4) Fy _____, dydw i ddim yn hoff o'r llun. (hun / hunain)

5) Nhw eu _____ sydd wedi gwneud y bwyd. (hun / hunain)

6) Mae hi ei _____ yn dod. (hunan / hunain)

7) Dylai fod pâr yma; dyma un esgid ond ble mae'r _____? (llall / lleill)

8) Holais Kathryn ac Alan, "Chi eich _____ sydd wedi codi'r wal?" (hun / hunain)

9) " Ronaldo! Ydy e ei _____ yn dod yma?" (hun / hunain)

10) Ni ein _____ a drwsiodd y to hwn. (hunan / hunain)

Dau / Dwy

dau fachgen	***dwy** ferch*
dau frawd	***dwy** chwaer*
dau dad	***dwy** fam*

gwrywaidd	benywaidd
dau	*dwy*
tri	*tair*
pedwar	*pedair*

Mae 'dau' a '*dwy*' yn **treiglo'n feddal** ar ôl **y**:

y **dd**au gi	y ***dd**wy gath*

Mae 'dau' a '*dwy*' hefyd yn achosi '**treiglad meddal**':

dau **f**ynydd	*dwy _wefus*
y ddau **b**eth	*y ddwy **f**lynedd*
dau **dd**rws	*dwy **g**adair*

Ymarferion

Cofiwch dreiglo **lle bo angen**.

1) Mae _____ _____ yn yr ysbyty. (dau / *dwy*) + (*merch*)

2) Ydy'r _____ _____ yn ysmygu? (dau / *dwy*) + (bachgen)

3) Dim ond _____ *ffenestr* sydd yn yr ystafell. (dau / *dwy*)

4) Dau _____ sydd ganddi hi. (mab / meibion)

5) Maen nhw'n byw mewn _____ _____ gwahanol. (dau / *dwy*) + (tŷ)

6) Mae *dwy* _____ ar y llawr. (*cadair* / bwrdd)

7) Roedd dau _____ yn y cae. (*buwch* / tarw)

8) Roeddwn i'n edrych ar y _____._____ (dau / *dwy*) + (llyfr)

9) Maen nhw'n gwybod dy fod ti'n hoffi'r _____ _____. (dau / *dwy*) + (peth)

10) Fe ddes i am ____ o'r gloch. (dau / *dwy*)

11) Dyma'r _____ _____. (dau / *dwy*) + (car)

12) Cefais fenthyg y _____ _____. (dau / *dwy*) + (*cyllell*)

13) Mae gennyf i _____ _____. (dau / *dwy*) + (ceffyl)

14) Rwyt ti'n adnabod y _____ _____. (dau / *dwy*) + (*athrawes*)

15) Dylwn i fynd i weld y _____ _____. (dau / *dwy*) + (athro)

Y Teulu

brawd – brodyr
cyfyrder – cyfyrdyr
chwaer – chwiorydd
mam – mamau
tad – tadau
mab – meibion
merch – merched
cefnder – cefndryd
cyfnither – cyfnitheroedd
modryb – modrybedd
ewythr – ewythredd
nith – nithoedd
nai – neiaint
mam-gu a thad-cu
ŵyr – wyrion
wyres – wyresau
nain – neiniau
taid – teidiau
tad yng nghyfraith – tadau yng nghyfraith
mam yng nghyfraith – mamau yng nghyfraith
llystad – llystadau
llysfam – llysfamau

Ymarferion

- Cofiwch : **dau** frawd – ***dwy*** chwaer.

- Mae dau a *dwy* yn achosi **treiglad meddal**:
  dau **b**en   dwy **f**raich

- Mae tri yn achosi **treiglad llaes**:
  tri **ch**ant   tri **ch**astell

- Enw **unigol** sy'n dilyn rhifolion:

cywir	anghywir
dau **dad**	dau **dadau**

1) _____ *chwaer* sydd gennyf i. (*dwy* / dau)

2) Mae *dwy* _____ gan fy ewythr (*merch* / mab).

3) Mae dau _____ gennyf i. (cefnder / *cyfnither*)

4) Dau _____ oedd gan Rhys. (mab / *merch*)

5) Mae _____ *modryb* gan Ioan. (tri / *tair*)

6) Mae _____ brawd ganddo fe. (pedwar / *pedair*)

7) *Dwy* _____ sydd gennyf i. (*nith* / *nithoedd*)

8) Mae fy *nwy* _____ yn byw yng Nghaergybi. (*mam-gu* / tad-cu)

9) Bydd gan Geraint ddau _____. (brawd / *chwaer*)

10) Mae _____ *cyfnither* ganddi hi. (tri / *tair*)

11) Mae _____ modryb gennyf i. (dau / *dwy*)

Hwn / *Hon*

Y dyn **hwn**   Y *ferch* **hon**
Y dyn **hwnnw**   Y *ferch* **honno**
Y dynion **hyn**   Y *merched* **hyn**

Gyda geiriau <u>gwrywaidd</u> rydyn ni'n defnyddio **hwn, hwnnw**.

y cwch **hwn**	y cychod **hyn**
y drws **hwn**	y drysau **hyn**
y beic **hwn**	y beiciau **hyn**

Gyda geiriau <u>benywaidd</u> rydyn ni'n defnyddio **hon, honno**.

y wlad **hon**	*y gwledydd* **hyn**
y llaw **hon**	*y dwylo* **hyn**
yr ysgol **hon**	*yr ysgolion* **hyn**

Cofiwch fod enwau *benywaidd* unigol yn treiglo'n feddal ar ôl 'y'.

Ymarferion

1) Mae llawer o bobl yn yr ysbytai _____. (hwn / hyn)

2) Fe hoffwn i weld y bachgen _____ yn rhedeg yn gyflymach. (hwnnw / *honno*)

3) Yr Hydref _____ oedd yr oeraf ers tair blynedd. (hwnnw / *honno*)

4) Ydyn nhw yn yr *ystafell* _____? (hwn / *hon*)

5) Mae'r llyfrau _____ gennym ni eisoes. (hwn / hyn)

6) _____ yw fy nhad i. (hwn / *hon*)

Ydy'r *ferch* _____ yn dod o Lanwrtyd. (hwn / *hon*)

7) Rho'r *het* fach _____ arni hi. (hwnnw / *honno*)

8) Fe gytunon ni mai'r *babell* _____ oedd yr orau. (hwnnw / *honno*)

9) Wnaethoch chi'r *cadeiriau* _____? (hwn / hyn)

Mae'r geiriau **benywaidd** wedi eu hitaleiddio.

Dywediadau

Nes penelin nag arddwrn.
Ni cheir y melys heb y chwerw.
Ni ddaw henaint ei hunan.
Nid aur yw popeth melyn.
Nid da lle gellir gwell.
Oni byddi gryf, bydd gyfrwys.
Rhaid cropian cyn cerdded.
Rhydd i bawb ei farn ac i bob barn ei llafar.
Tebyg i ddyn fydd ei lwdwn.
Trech gwlad nac arglwydd.
Tri chynnig i Gymro.
Un wennol ni wna wanwyn.
Yng ngenau sach mae cynilo blawd.
Yr euog a ffy heb neb yn ei erlid.
Yr hen a ŵyr, yr ieuanc a dybia.
Yr oen yn dysgu i'r ddafad bori.

Yn

Mae'r llyfr **yn goch.**
Dydy'r drws ddim **yn fawr.**
Roedd Elen **yn drist.**

> Mae <u>ansoddeiriau</u>
> yn **treiglo'n feddal** ar ôl **yn**.

* * *

Mae hi'**n gath** bert.
Roedd e'**n fwyd** ardderchog.
Ydyn nhw'**n wersi** hawdd?

> Mae <u>enwau</u> yn **treiglo'n feddal** hefyd.

* * *

Ydych chi'**n dod** hefyd?
Rydw i'**n mynd** i fy ngwers.
Roedd hi'**n gweld** y bechgyn.

> **Dydy** <u>berfenwau</u> **ddim** yn treiglo ar ôl **yn**.

Ymarferion

Cofiwch nad oes angen treiglo berfenwau.

1) Yn Rhydaman mae'r tai yn _____. (mawr)

2) Dydych chi ddim yn _____'n gynnar. (codi)

3) Mae fy mhen yn _____. (brifo)

4) Rhaid i ni siarad amdanyn nhw yn _____. (tawel)

5) Aethoch chi i'r ysgol yn _____. (cyflym)

6) Ydy'r llyfrau i gyd yn _____? (brwnt)

7) Weithiau maen nhw'n _____ yn araf. (dod)

8) Mae'r cŵn eraill yn _____ mawr. (cŵn)

9) Mae un yn fawr ond mae'r llall yn _____. (mwy)

10) Roedd y ddwy yn _____ ffyrnig. (cathod)

11) Ydy e'n _____ cryf? (drws)

12) Mae'r cychod hyn yn _____ peryglus. (cychod)

13) Ydy e'n _____ hir? (gwasanaeth)

14) Pwy sy'n _____'r hwyaid heddiw? (bwydo)

15) Sawl un ohonoch chi fydd yn _____ yma yfory? (gweithio)

16) Bues i'n _____ yn y gêm. (gweiddi)

17) Mae'r ferch hon yn _____. (deallus)

18) Roedd y ddau gi yn _____. (cyfarth)

19) Ydych chi'n _____? (deall)

20) Rhaid ei bod hi'n _____. (cofio)

Bues i...

Bues i ym Mhont-y-pŵl ddoe.
Fuest ti erioed yng Nghanada?
Fuodd hi erioed mewn Rolls Royce.

Cadarnhaol

Bues i	Buon ni
Buest ti	Buoch chi
Buodd e / hi	Buon nhw

Negyddol

Fues i?	Fuon ni?
Fuest ti?	Fuoch chi?
Fuodd e / hi?	Fuon nhw?

Gofynnol

Fues i ddim	Fuon ni ddim
Fuest ti ddim	Fuoch chi ddim
Fuodd e / hi ddim	Fuon nhw ddim

Ymarferion

Cofiwch fod cwestiynau a brawddegau negyddol yn treiglo'n feddal.

1) _____ i yn y car hwn o'r blaen?

2) _____ i ddim yn Aberystwyth ers blwyddyn.

3) _____ ti ar dy wyliau yn Iwerddon llynedd.

4) _____ nhw ym Mharc yr Arfau?

5) _____ hi erioed mewn trên.

6) _____ ni yn yr ysgol yn Rhymni.

7) _____ e erioed mewn Jaguar.

8) _____ hi yn yr ysbyty am wythnos.

9) Fuoch _____ ddim ar y cae.

10) _____ ni mewn awyren erioed?

11) Buodd _____ yn yr ysgol am flwyddyn.

12) _____ ti erioed mewn gêm rygbi?

13) Fues _____ ddim yn y coleg.

14) _____ chi'n hir yn y siop.

15) _____ ti ddim yn dy wers ddoe!

16) _____ i ym Mhorth-cawl wythnos diwethaf.

17) _____ ni ddim yn Llandysul ddoe.

18) _____ chi'n chwarae hoci ers talwm?

19) _____ nhw ddim yn bell iawn.

20) _____ nhw yn Aberbargod ddoe.

Sillafu

(i/y/u)

adeiladu
bechgyn
benthyg
blwyddyn
byth
bywyd
canu
cau
celwydd
cerdyn
credu
cuddio
cwympo
cyffrous
cyfnither
cyhuddo
cymryd
cysglyd
cysgu
chwerthin
chwilio
chwith
chwythu
datrys
dibynnu
diffyg
digwydd
dihuno
dilyn
disgwyl

disgyn	oherwydd
diwedd	penderfynu
diwrnod	peryglus
dweud	plentyn
edrych	prynu
esgus	punt
felly	pwynt
gallu	rhieni
gilydd	rhy
gofalus	rhywbeth
gofyn	rhywun
gwastraffu	stryd
gwefus	sydyn
gwely	sylw
gwerthu	symud
gwisgo	synnu
gwneud	teledu
gwybod	teulu
gwylio	tipyn
hefyd	tudalen
hynny	tyfu
i fyny	tynnu
llythyr	unig
melyn	unrhyw
menyw	wedyn
methu	wyneb
munud	wythnos
mwy	yfory
mynd	ymddiheuro
newid	ysbyty
newydd	ysgrifennu
ofnus	ysmygu

Y Treiglad Llaes

Daw **treiglad llaes** ar ôl y geiriau hyn:

ei	ei **ph**en-blwydd hi
	aeth hi i'w **th**ŷ
	daeth hi o'i **ch**artref
tri	ymladdai tri **ch**ant ohonynt
	tri **ph**wys o gaws os gwelwch chi'n dda.
a	moron a **th**atws
â	ysgrifennai â **ph**ensil
gyda	des i gyda **ph**edair athrawes arall
tua	tua **ph**ump o'r gloch
na	does dim to na **ch**ysgod yma

P > Ph	T > Th	C > Ch

Nid yw llythrennau eraill yn treiglo.

P ⟶ Ph
T ⟶ Th
C ⟶ Ch

Ymarferion

1) Ydy ei _____ ganddi hi? (cerdyn)
2) Mae ei _____ hi yn beryglus. (plant)
3) Paid â'i _____ hi'n rhy galed. (tynnu)
4) Mae tri _____ gennym ni. (plentyn)
5) Dysgaist ti dri _____ sut i yrru. (teulu)
6) Roedd tri _____ ar ddeg yn yr ysbyty. (cerdyn)
7) Ci a _____. (cath)
8) Ceiniog a _____. (punt)
9) Diddorol a _____ oedd y ffilm. (cyffrous)
10) Cefnder mawr a _____ fach. (cyfnither)
11) Gwerthu a _____. (prynu)
12) Heneiddio a _____. (tyfu)
13) Paid â dweud na _____ eto. (penderfynu)
14) Roeddwn i yn cerdded tua _____ milltir bob dydd. (tair)
15) Mae dwy dudalen lawn a _____ wag hefyd. (tudalen)

ALENORWY

Mae acen grom (to bach) uwchben llafariaid:

1) os yw'r sain yn hir,
   ac
2) os mai **a / e / o / w / y** (a<u>le</u>n<u>o</u><u>r</u><u>wy</u>) yw'r llafariad,
   ac
3) os mai **l / n / r** (a<u>le</u>n<u>o</u><u>r</u>wy) yw'r gytsain sy'n dod yn syth ar eu holau ar ddiwedd y gair.

Mae acen grom uwchben:

ôl, sŵn, tôn, ffôn, glân, gŵr, lôn, hŷn, blêr

Nid oes acen grom uwchben:

nos   nid l / n / r sydd ar y diwedd
bach nid l / n / r sydd ar y diwedd
cul   nid yw 'u' yn 'alenorwy'

ôl, ffôn, sŵn, tôn, hŷn, lôn, glân, gŵr, blêr

Ymarferion

Rhowch acen grom ar y geiriau hyn **os oes ei hangen**.

glas	cwch
hir	ton (tone)
cwn	dwr
gwin	lon (lane)
cof	mel (honey)
sal	ffon (phone)
ffon (stick)	glud
chwech	glan (clean)
glan (riverbank)	ar ol
mab	ton (wave)

Sylwer:
Ceir rhai eithriadau, e.e. dyn, hen.

Atebion (1)

Oes gennyt ti feiro?
Oes / Nac oes

Wyt ti'n dod heno?
Ydw / Nac ydw

Ydy hi'n chwarae pêl-droed?
Ydy / Nac ydy

Welsoch chi'r gêm?
Do / Naddo

Dy bensil di ydy hwn?
Ie / Nage

Ymarferion

1) Ydy Daniel yn dod allan i chwarae?

   _____, dydy e ddim.

2) Wnest ti fwynhau'r ffilm?

   _____, yn fawr iawn.

3) Dy sgert di ydy hon?

   _____, fe wnes i ei cholli hi ddoe.

4) Hefin, wyt ti'n hoffi fy Sega newydd?
   _____ wir, Catrin, mae e'n anhygoel.

5) Oes digon o le i un arall? _____

   _____, mae'r bws yn llawn eisioes.

6) Ydy Caryl yn hoff o'r rhain?

   _____, mae hi'n hoff iawn ohonyn nhw.

7) Ti sydd i fynd nesaf?

   _____, rydw i wedi bod ddwywaith yn barod.

8) Oes gennym ni waith cartref heno?

   _____, llawer gormod ohono!

9) Welaist ti *Pobol y Cwm* neithiwr?

   _____, roeddwn i allan.

10) Wyt ti am ddod i Aberhonddu yfory?

    _____, mae'n rhaid i mi fynd i Ystalyfera gyda fy mrawd bach.

Dewiswch:

Ie	Oes	Ydw
Nage	Nac oes	Nac ydw

Ydy	Do	
Nac ydy	Naddo	

Atebion (2)

Oedd gennyt ti gar?
Oedd / Nac oedd

Oeddet ti'n chwarae ddoe?
Oeddwn / Nac oeddwn

Wnei di ddod?
Gwnaf / Na wnaf

Fyddi di'n barod?
Byddaf / Na fyddaf

Ydych chi'n deall?
Ydyn / Nac ydyn

Ymarferion

1) Trefor ac Olwen, ydych chi'n cofio?
   _____ (x)

2) Oeddet ti yn Resolfen ddoe?
   _____ (✔)

3) Fyddi di yn yr ysgol yfory?
   _____ (✔)

4) Wnei di aros? _____ (✔)

5) Wnei di agor y drws? _____ (x)

6) Oedd gennych chi waith cartref?
   _____ (✔)

7) Ydych chi'n dod? _____ (✔)

8) Oedd gennyt ti arian? _____ (x)

9) Oeddet ti'n deall? _____ (x)
10) Fyddi di'n aros heno? _____ (x)

Yr Amser Presennol / Dyfodol (1)

GWELD

Gwelaf i	Gwelwn ni
Gweli di	Gwelwch chi
Gwelith e / hi	Gwelan nhw

Mae **treiglad meddal**:

1) Ar ôl **fe**:
   Fe **dd**ysgaf i'r gerdd yfory.
   Fe **g**anith e'r gloch heno.

2) Mewn **cwestiwn**:
   Ddysgi di'r gwaith cyn y prawf?
   Weli di'r gêm brynhawn dydd Sadwrn?

Mae **P, T, C** yn treiglo'n llaes a **B, D, G, Ll, M, Rh** yn **treiglo'n feddal** ar ddechrau brawddeg negyddol:

Chysga i ddim heb ddiod gynnes.
Phrynith e mo'r llyfr, mae'n rhy ddrud.
Fwytwch chi mo'r bwyd i gyd!

Ymarferion

1) _____ chi'r te i mi? (tywallt)
2) Fe _____ ni'r tecell ar ôl eistedd. (berwi)
3) _____ ni amdano nawr? (talu)
4) _____ i mo'r ffilm i gyd. (gwylio)
5) Fe _____ di'r bêl os ydw i'n dweud. (taflu)
6) _____ ni ddim amdanyn nhw. (poeni)
7) _____ di'r cwch i'r môr gyda fi? (gwthio)
8) Fe _____ nhw'n galed yfory. (gweithio)
9) Fe _____ ni e nawr. (taclo)
10) Fe _____ i yfory. (penderfynu)
11) _____ hi'r byrger hefyd? (bwyta)
12) _____ chi'r pren i gyd? (llosgi)
13) Fe _____ e'r bocs. (llenwi)
14) _____ chi'r cig cyn ei fwyta? (rhostio)
15) Fe _____ e'r llyfrau i gyd. (casglu)
16) Fe _____ ni un hefyd. (prynu)
17) Fe _____ hi'r gwaith. (dysgu)
18) Fe _____ chi'r parsel yfory. (derbyn)
19) _____ chi amdanaf i? (cofio)
20) Fe _____ i fe. (lladd)

Bod (1)

Bydd**af** i	Bydd**wn** ni
Bydd**i** di	Bydd**wch** chi
Bydd e / hi	Bydd**an** nhw

Mae **treiglad meddal**:
1) **Ar ôl '*fe*':**
   Fe **f**yddaf i yno yfory.
   Fe **g**lywaf i'r gloch.

2) **Mewn cwestiwn:**
   Fyddwch chi'n barod?
   Welwn ni chi yn yr ysgol?

> Mae **P, T, C** yn **treiglo'n llaes**
> a **B, D, G, Ll, M, Rh** yn **treiglo'n feddal** ar ddechrau <u>brawddeg negyddol</u>:

Theimlwch chi ddim byd, wir!
Werthan nhw mo'r llyfr am ganpunt.
Losgith e ddim rhagor o bapur heno.

Ymarferion ✎

Rydw i'n mynd i Lundain:
Fe fyddaf i'n mynd i Lundain bob mis.

1) Wyt ti'n gweithio?

   _____

   _____ bob nos?

2) Rydych chi'n mynd i'r ysgol.

   _____

   _____ bob dydd.

3) Mae e'n bwyta cig.

   _____

   _____ bob amser.

4) Maen nhw'n cofio.

   _____

   _____ am byth.

5) Rydw i'n mynd i chwarae yfory.

   _____

   _____

6) Rydyn ni'n mynd i ganu yfory.

   _____

   _____

7) Rydych chi'n mynd i gysgu yn yr un ystafell.

   _____

   _____

8) Mae e'n mynd i fod yma yfory.

   _____

   _____

9) Mae hi'n mynd i redeg yfory.

   _____

   _____

10) Rydw i'n mynd i gystadlu yfory.

    _____

    _____

Rhai geiriau sy'n achosi treiglad meddal:

rhy	Mae'r drws yn *rhy* **f**ach
neu	Roedd un *neu* **dd**au yma
pan	Gwylltiodd e *pan* **f**ethais i
mor	*Mor* **g**och â gwaed
fe	*Fe* **b**rynais ei gi ef
rhyw	Mae *rhyw* **l**yfrau tebyg yma
unrhyw	Oes *unrhyw* **d**renau o gwbl heddiw?
pa	*Pa* **f**ath o gig yw hwnna?
ail	Yn yr *ail* **b**ennill...
dyna / dyma	*Dyma* **f**erch yr athro
annwyl	*Annwyl* **F**adam

Nid oes treiglad ar ôl **wedi** nac **eithaf**:
wedi **m**ynd   eithaf **c**yflym

Ymarferion

Nid yw **ll** na **rh** yn treiglo ar ôl **mor**:
mor **ll**awn   mor **rh**wydd

1) Rydw i'n credu fy mod i'n rhy _____. (cynnar)

2) Annwyl _____. (cariad)

3) Mae buwch neu _____ yn y cae. (llo)

4) Pan _____ y brifathrawes i'r ysgol. (daeth)

5) Wnes i ddim sylwi bod y lle mor _____. (llawn)

6) Fe _____ i'r llythyr ddoe. (postiais)

7) Mae hi wedi _____. (gorffen)

8) Mae rhyw _____ o fodrwy ar y llawr. (math)

9) A oes unrhyw _____ yn mynd trwy'r dre? (rheilffordd)

10) Pa _____ brynaist ti i dy gariad? (blodau)

11) Wyt ti'n mynd i'r ail _____? (cyfarfod)

12) Annwyl _____. (cyfaill)

13) Mae'r lôn gul yn rhy _____. (peryglus)

14) Fe _____ nhw'n dda neithiwr. (cysgon)

15) Pa _____ sydd wedi torri? (teledu)

16) Annwyl _____. (Madam)

17) Rhyw _____ gwan oedd e. (golau)

18) Oes unrhyw _____ yma? (cathod)

19) Annwyl _____. (brawd)

20) Mae'r dosbarth yn eithaf _____. (mawr)

Cymharu Ansoddeiriau

cysefin	cyfartal	cymharol	eithaf
da	cystal â / ag	gwell na /nag	gorau
drwg	cynddrwg â / ag	gwaeth na /nag	gwaethaf
mawr	cymaint â / ag	mwy na /nag	mwyaf
bach	cyn <u>ll</u>eied â / ag	llai na /nag	lleiaf
hen	cyn hyned â / ag	hŷn na /nag	hynaf
hawdd	cyn hawsed â / ag	haws na /nag	hawsaf
isel	cyn ised â / ag	is na /nag	isaf
uchel	cyn uched â / ag	uwch na /nag	uchaf

b > p
d > t } o flaen { - ed
g > c }   { - ach
                    { - af

gwlyb	cyn <u>w</u>ly**p**ed â / ag	gwly**p**ach na / nag	gwly**p**af
teg	cyn <u>d</u>e**c**ed â / ag	te**c**ach na / nag	te**c**af
rhad	cyn <u>rh</u>a**t**ed â / ag	rha**t**ach na / nag	rha**t**af

<u>Cofiwch fod 'cyn' yn achosi treiglad meddal (nid i 'll' na 'rh').</u>

e.e.
Mae'r botel cyn **ll**awned â ddoe.
Ydy o cyn **b**wysiced â'i daid?

Ymarferion

Cofiwch fod 'yn' yn achosi treiglad meddal.

1) Roedd y gadair yn _____ na'r bwrdd. (isel)

2) Dydy'r byrger ddim _____ â hynny. (drwg)

3) Mae e'n _____ na'i dad. (twp)

4) Roedd y bws cyn _____ â rhew. (oer)

5) Dydy Bewitched ddim _____ â Boyzone. (da)

6) Mae _____ o le yn y stafell yma. (bach)

7) Mae'n car ni _____ â'ch car chi! (mawr)

8) Roedd hi cyn _____ â chorrach. (bach)

9) Mae'r prawf yn _____ na'r arholiad. (hawdd)

10) Dyma ddiwrnod _____ fy mywyd. (drwg)

11) Dydy'r Wyddfa ddim _____ ag Everest. (uchel)

12) Roedd hi cyn _____ â llygoden eglwys. (tlawd)

13) Dyma'r stafell _____ yn yr adeilad. (uchel)

14) Y bêl hon ydy'r _____. (bach)

15) Roedden ni'n _____ na nhw. (da)

16) Wrecsam yw'r tîm _____ yng Nghymru. (da)

17) Mae dy frawd yn _____ na ti. (hen)

18) Mae Crymych yn _____ nag Amlwch. (uchel)

19) Y diwrnod _____ erioed. (gwlyb)

20) Mae'r gwely'n _____ na sment. (caled)

Rhagenwau (1)

ar **fy** mhen **fy** hun

o **dy** gwmpas **di**

ar **ei** ôl **e**

yn **ei** herbyn **hi**

o'**n** blaen **ni**

yn **eich** ymyl **chi**

ar **eu** pwys **nhw**

Ymarferion

Cofiwch dreiglo lle bo angen.

1) Oeddet ti ar _____ ben dy hun?

2) Dere i sefyll ar fy _____ i. (pwys)

3) O fy _____ i. (cwmpas)

4) Pwy sy'n chwarae yn ei _____ hi? (erbyn)

5) Roeddwn i ar fy _____ fy hun. (pen)

6) Ydyn nhw o'_____ blaen chi? (eich)

7) Pwy sydd yn fy erbyn _____?

8) Eisteddon ni yn eu _____ nhw. (ymyl)

9) Ewch ar _____ ôl i.

10) Rydw i o _____ flaen di.

11) Mae e ar ei _____ ei hun. (pen)

12) Ar dy ôl _____.

13) Rhedwch ar eu _____ nhw. (ôl)

14) O'i _____ e. (cwmpas)

15) Roedd rhywun yn sefyll o fy _____ i. (blaen)

16) O'i _____ hi. (cwmpas)

17) Sefais i ar ei _____ hi. (pwys)

18) Ar ei hôl _____.

19) Wyt ti ar dy ben _____ hun?

20) Mae'r swyddfa yn _____ hymyl hi.

Bod (2)

fy **m**od i	ein **b**od ni
dy **f**od ti	eich **b**od chi
ei **f**od ef	eu **b**od nhw
ei **b**od hi	

Rydw i'n credu **fy mod i**'n chwarae'n dda.

Rydw i'n siŵr **dy fod ti**'n gallu gwneud yn well.

Mae e'n gwybod **ei fod e**'n gryf.

Dydy hi ddim yn cofio **ei bod hi**'n gorfod aros heno.

Ydych chi'n gwybod **eich bod chi**'n hwyr?

Ymarferion

1) Rydw i'n credu _____ fod ti'n hwyr.

2) Pwy sy'n dweud ei fod _____ yma.

3) Maen nhw'n gwybod eu bod _____ am golli.

4) Roedden nhw'n gwybod fy mod _____'n gynnar.

5) Gwelais i ei _____ hi'n gryf.

6) Glywsoch chi _____ bod ni wedi ennill.

7) Ydych chi'n siŵr eich _____ chi i fod yma?

8) Roeddet it'n gwybod fy _____ i ar goll.

9) Sylwais ei _____ e'n cochi.

10) Clywson nhw _____ bod nhw'n rhy hwyr.

11) Mae e'n gwybod _____ bod hi'n ei hoffi.

12) Pwy sy'n dweud _____ mod i'n wirion?

13) Rydych chi'n gwybod ein _____ ni'n dod.

14) Teimlais i dy _____ ti'n edrych arnaf i.

15) Gwelsoch chi _____ fod e ar y traeth.

16) Ydych chi'n gwybod _____ bod chi'n hen?

17) Sylwon ni ei bod _____ wedi ein gadael.

18) Maen nhw'n gwybod eich bod _____'n ddisgyblion ysgol.

19) Wyt ti'n siŵr dy fod _____'n barod?

20) Sylwodd hi eu _____ nhw'n cuddio yn y goeden.

Slawer dydd / Ers talwm / Pan oeddwn yn yr ysgol.

Yr Amherffaith a'r Amodol

Cerdd**wn** i	Cerdde**n** ni
Cerdd**et** ti	Cerdd**ech** chi
Cerdd**ai** ef / hi	Cerdd**en** nhw

Roeddwn i'n arfer siarad gormod yn y gwersi – *Fe siarad**wn** i ormod yn y gwersi.*

Roedd e'n arfer rhedeg i'r ysgol bob dydd – *Fe red**ai** ef i'r ysgol bob dydd.*

Roedden nhw'n arfer gweiddi ar ei gilydd bob bore – *Fe waedd**en** nhw ar ei gilydd bob bore.*

Fe allwn i **f**ynd – *I could...*
Fe ddylwn i **dd**od – *I should...*
Hoffwn i **dd**im rhedeg – *I wouldn't like...*

Ymarferion

Roeddwn i'n arfer darllen y papur bob dydd:
Darllenwn y papur bob dydd.

1) Roeddet ti'n arfer cysgu ar y llawr bob nos.
   _____

2) Roedd e'n arfer siarad Saesneg o hyd.
   _____

3) Roedden ni'n arfer ysgrifennu llythyrau at ein gilydd bob wythnos.
   _____

4) Roeddech chi'n arfer chwarae hoci bob dydd Sadwrn.

5) Roeddwn i'n arfer ei gweld hi bob bore.
   _____

Eisteddais ar y sedd – ***eisteddwn ar y sedd***

6) Cerddais i'r ysgol.
   _____

7) Fe edrychaist ar y dynion eraill.
   _____

8) Fe atebodd e.
   _____

9) Ysgwydoch chi'r botel?
   _____

10) Cherddon nhw ddim i'r gwaith.

Rhedaf adref o'r ysgol.
Rhedwn adref o'r ysgol bob prynhawn.

11) Byddaf yn mynd i Bontypridd.
    _____

12) Cerddaist ti i dy waith.
    Cerddit ti

13) Fe orweddon nhw ar eu gwelyau.
    Gweddent hwy

14) Fe godoch chi'n gynnar.
    Godoch chi

15) Fe weli di'r car.
    Welit tit car

Diarhebion

A fo ben, bid bont.
Adar o'r unlliw ehedant i'r unlle.
Amynedd yw mam pob doethineb.
Angel pen ffordd, a diawl pen pentan.
Cas gŵr na charo'r wlad a'i maco.
Cenedl heb iaith, cenedl heb galon
Cyfaill blaidd, bugail diog.
Cyfoethog pob bodlon.
Cynt y cwrdd dau ddyn na dau fynydd.
Cyntaf i'r felin gaiff falu.
Deuparth gwaith ei ddechrau.
Gormod o ddim nid yw dda.
Gwell bachgen call na brenin ffôl.
Gwell hwyr na hwyrach.
Gwyn y gwêl y frân ei chyw.
Hawdd cymod lle bo cariad.
Heb ei fai, heb ei eni.
Hir ei dafod, byr ei wybod.
Hir pob aros.
I'r pant y rhed y dŵr.

Affeithiad

y > e		w > o	
gwrywaidd	*benywaidd*	*gwrywaidd*	*benywaidd*
bychan	- seren **fechan**	dwfn	- afon **ddofn**
byr	- stori **fer**	tlws	- merch **dlos**
cryf	- dadl **gref**	trwm	- ergyd **drom**
gwyn	- torth **wen**	llwm	- daear **lom**
llym	- awel **lem**	crwn	- y ford **gron**
melyn	- het **felen**	crwm	- acen **grom**

Ymarferion

> Cofiwch fod ansoddair yn treiglo'n feddal ar ôl enw benywaidd unigol e.e. '*gwers* **d**da'

1) Doeddwn i ddim yn gwisgo *côt* _____. (melyn)

2) *Cyllell* _____ ydy hon. (llym)

3) Ble mae'r *gath* _____ 'na. (bychan)

4) Mae e'n byw o dan y *Graig* _____. (Gwyn)

5) Dydy hi ddim yn *ddynes* _____ iawn. (cryf)

6) Mae'n well gennyf i chwarae gyda'r *bêl* _____. (crwn)

7) Ond mae'n rhaid i ni symud y *garreg* _____ yma. (trwm)

8) Fe wyddwn i ei bod hi'n *ferch* _____. (tlws)

9) Maen nhw'n dweud ei bod hi'n *ffynnon* _____. (dwfn)

10) *Cath* frech neu *gath* _____ ydy hi. (gwyn)

11) Clywais mai *nofel* _____ oedd hi. (byr)

12) *Merch* _____ oedd yn sefyll yna. (bychan)

13) Mae e'n gwisgo *het* _____. (gwyn)

14) Fe fyddet ti'n reidio *caseg* _____. (melyn)

15) Mae hi'n *llinell* _____ o farddoniaeth. (cryf)

16) *Cerdd* _____ ydy hi. (byr)

17) Cuddiai y tu ôl i'r *wal* _____. (gwyn)

18) Dim ond *rhan* _____ oedd ar gynghanedd. (bychan)

19) Cer heibio i'r *darren* goch ac i fyny'r *allt* _____. (gwyn)

20) Ewch i eistedd yn y *gadair* _____. (crwn)

Ansoddair o Flaen Enw

hen **g**oed

Annwyl **F**adam

ail **g**ynnig

prif **l**wybr

newydd **b**eintio

gwahanol **g**erddi

yr unig _waith

ein holl **d**rafferth

> Pan fydd **ansoddair** (gair disgrifio) yn dod o flaen **enw**, mae'r enw yn **treiglo'n feddal**.

Ymarferion

1) Annwyl _____. (cyfaill)

2) Yr unig _____ diogel yw'r eglwys. (lle)

3) Rydw i newydd _____ gan Huw. (clywed)

4) Fe af i brynu'r holl _____. (tai)

5) Roedd llawer o hen _____ yno. (dynion)

6) Mae'r _____ bechgyn yma. (holl)

7) Roedd gwahanol _____ yn y wal. (drysau)

8) Rhaid i chi roi ail _____ iddo. (cyfle)

9) Fe orffenais i yr holl _____. (gwaith)

10) Guinness yw prif_____ Iwerddon. (diod)

11) Mae _____ fathau o gerddi i'w cael. (gwahanol)

12) Annwyl _____. (merched)

13) Mae hen _____ fy nhadau yn annwyl i mi. (gwlad)

14) Yr unig _____ i mi ei weld. (tro)

15) Roedd hen _____ yn mynd trwy'r dre. (rheilffordd)

16) Fandaliaeth yw'r brif _____. (problem)

17) Mae hi newydd _____ fy llyfr. (llofnodi)

18) Mae nifer o hen _____ yma. (pobl)

19) Ein hunig _____ yw gweddïo. (gobaith)

20) Ewch i'r ail _____ yn y stryd. (tŷ)

Gwybod

Presennol

Gwn i	Gwyddon ni
Gwyddost ti	Gwyddoch chi
Gŵyr e / hi	Gwyddan nhw

Amherffaith

Gwyddwn i	Gwydden ni
Gwyddet ti	Gwyddech chi
Gwyddai e / hi	Gwydden nhw

Fe wn i dy fod ti yn gallu chwarae'n well na hynny.

Wyddoch chi mai'r Môr Tawel yw môr mwyaf y byd?

Fe wn i	I know
Fe wyddwn i	I knew

Ymarferion

Defnyddiwch yr amherffaith pan fo'r frawddeg wedi'i hitaleiddio.

1) Fe _____ hi pwy sydd wedi ennill.

2) *Bryd hynny fe _____ i'r gerdd i gyd.*

3) Fe _____ chi enw'r ysgol.

4) Fe _____ ni fod rhywun arall yn byw yno.

5) Fe wn _____ dy enw di.

6) Fe _____ ti enw dy fam-gu.

7) Wyddoch _____ ble mae Senghenydd?

8) *Ers talwm fe _____ ti enwau pawb yn y dosbarth.*

9) Wyddost _____ pwy ydw i?

10) Fe _____ nhw ein bod ni'n barod.

11) *Fe _____ chi echdoe ein bod ni wedi colli.*

12) _____ i ddim eich bod chi yn dod hefyd.

13) Fe _____ i ble mae'r ysbyty.

14) *Fe _____ nhw llynedd am y daith.*

15) _____ ef ddim am y gwaith cartref ddoe.

16) Fe _____ ni ble rydych chi'n byw.

17) Fe wyddon _____ am ysgolion gwaeth.

18) Fe _____ e faint o'r gloch yw hi.

19) Fe _____ nhw amdanom ni.

20) *Ddoe fe _____ e beth oedd pris y llyfr.*

Yr Amser Presennol / Dyfodol (2)

MYND
Af i	Awn ni
Ei di	Ewch chi
Aiff e / hi	Ân nhw

DOD
Dof i	Down ni
Doi di	Dowch chi
Daw e / hi	Dôn nhw

CAEL
Caf i	Cawn ni
Cei di	Cewch chi
Caiff e / hi	Cân nhw

GWNEUD
Gwnaf i	Gwnawn ni
Gwnei di	Gwnewch chi
Gwnaiff e / hi	Gwnân nhw

Cofiwch fod cwestiynau a brawddegau negyddol yn treiglo'n feddal a bod **fe** yn achosi treiglad meddal.

Ymarferion

1) Fe _____ e ddod gyda ni. (cael)
2) Fe _____ ni i'ch cyfarfod chi. (dod)
3) _____ ni ddim mynd gyda'r bechgyn hyn! (cael)
4) Fe _____ hi i'w gwely'n hwyr bob nos. (mynd)
5) _____ nhw ddim gwrando arnon ni. (gwneud)
6) _____ hi ddim byd o'i le heno. (gwneud)
7) Fe _____ nhw eu harian poced yfory. (cael)
8) _____ di i Landeilo eleni. (mynd)
9) _____ e ddim i'r ysgol heb ei fam. (dod)
10) _____ i'n gwelyau nawr. (mynd)
11) _____ i ddim gwaith o gwbl heno! (gwneud)
12) _____ chi ar y trên? (dod)
13) Fe _____ i i'r ysgol yfory. (mynd)
14) _____ di fynd i nôl y llyfrau i mi? (gwneud)
15) Fe _____ chi'r gwaith heno. (cael)
16) Rydw i'n siŵr y _____ i gar newydd yfory. (cael)
17) _____ di gyda fi i'r sinema heno? (dod)
18) Fe _____ ni'r gwaith i chi. (gwneud)
19) Fe _____ i gyda chi os caf i. (dod)
20) Os _____ i'ch stafelloedd fe fyddaf i'n hapus iawn. (mynd)

Rhagenwau

fy	trwynol	ein	'h' o flaen llafariad
dy	meddal	eich	dim
ei *(his)*	meddal	eu	'h' o flaen llafariad
ei *(her)*	llaes+'h'		

ar fy **mh**en i	ar ein pennau ni
ar dy **b**en di	ar eich pennau chi
ar ei **b**en e	ar eu pennau nhw
ar ei **ph**en hi	

fy ysgol i	ein **h**ysgol ni
dy ysgol di	eich ysgol chi
ei ysgol e / ei **h**ysgol hi	eu **h**ysgol nhw

Ymarferion

1) Paid â'i _____ e am bob dim. (beio)
2) Cafodd hi ei _____ gan y fatsien. (llosgi)
3) Ydych chi'n mynd i'w _____ nhw? (ateb)
4) Cafodd e ei _____ ar gyfer y tîm cyntaf. (dewis)
5) Ei _____ e ydy hi. (mam)
6) Roedd y car wedi ei bwrw hi yn ei _____. (ochr)
7) Paid â difetha eu _____ nhw. (arbrawf)
8) Rhoddodd hi'r anrheg i'w _____. (tad)
9) Roeddwn i'n syllu ar fy _____. (cariad)
10) Beth sydd gennyt ti yn dy _____? (llaw)
11) Mae _____ lyfau yn yr ysgol.
12) Ble mae fy _____ i? (bwyd)
13) Cefais i fy _____ gan yr heddlu. (gweld)
14) Bydd _____ char yn barod yfory.
15) Ble mae ei _____ arall e? (maneg)
16) Fe gefaist ti dy _____ gan yr athro. (dal)
17) Pwy wnaiff ein _____ nawr. (amddiffyn)
18) Fy _____ i ydy hon. (cyfrifiannell)
19) Ble mae _____ hafalau?
20) Eich _____ chi yw hwn? (car)

Gwrthrych Berf

Fe fwytais i *frechdanau* caws ddoe.

Fe gefaist ti *lawer* o anrhegion Nadolig.

Welsoch chi *raglenni* da dros y gwyliau?

Fe gawson ni *ginio* yn y ffreutur heddiw.

Fe hoffwn i *ddod* gyda ti, os caf i.

* * *

Fe welais i *fechgyn* eraill yno hefyd.

> Gofynnwch y cwestiwn 'beth welais i?'
> Yr ateb ydy '**bechgyn**'.
> Dyma'r gair sy'n treiglo pan gewch derfyniad ar ddiwedd berf fel yn 'cari**on**', 'llync**ais**, 'dechreu**odd**.

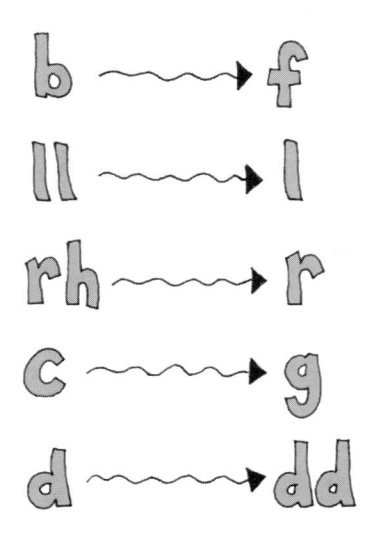

b → f
ll → l
rh → r
c → g
d → dd

Ymarferion

1) Fe welodd hi _____ cath. (tair)

2) Welsoch chi _____ Rhodri? (brawd)

3) Cymer _____ arall. (modrwy)

4) Prynodd y dyn hwn _____ newydd. (beic)

5) Dechreuwch _____ eich dillad. (gwisgo)

6) Prynon nhw _____. (cyfrifiadur)

7) Gnewch _____ daclus. (rhes)

8) Achubwch _____ yr Affrig. (llewod)

9) Clyma _____ 'r carcharor. (dwylo)

10) Yfai hi _____ boeth bob dydd. (diod)

11) Gwerthodd hi _____ eraill iddo. (poteli)

12) Fe fwytwn i _____ i fy mrecwast ers talwm. (moron)

13) Fe gawson ni _____ da neithiwr. (disgo)

14) Fe wnest ti _____ i'r teulu i gyd. (pwdin)

15) Dysgiff e _____ bwysig. (gwers)

16) Gwelais _____ ar y glas li. (llong)

17) Canodd hi _____ 'r eglwys. (clychau)

18) Rho _____ yn fy niod. (rhew)

19) Pryna _____ newydd i'r stafell fyw. (golau)

20) Darllenwch _____ bob wythnos. (llyfr)

Bod / Os

Rydw i'n gwybod **bod**...
nid
Rydw i'n gwybod **mae**...
e.e.
Rydw i'n gwybod **bod** y gwaith wedi'i orffen.
Rydw i'n cofio **bod** Ian yn dod.
Os **ydy**'r lyfr wedi'i orffen prynwch e.
Tair athrawes arall sydd ar ôl os **ydy**'r daflen yn gywir.
Os **ydy** / **yw**...
nid
Os **mae**...

Y Nofel / Stori Fer

adeiladwaith
aflwyddiannus
agwedd
amherthnasol
amhoblogaidd
aneffeithiol
anghyffredin
annealladwy
anniddorol
ansafonol
antur
apelio
arddull
arloesol
arswyd
arwr
arwyddocâd
arwynebol
awdur
awduron
awgrymog
awgrymu
barn
beirniadol
beirniadu
bythgofiadwy
canmol
canolbwyntio
celfyddyd
clod
cofiadwy
confensiwn
credadwy
crefft
crefftus
croesgyfeirio
cryfderau
cryno

cwmpasog
cydberthynas
cydblethu
cydbwysedd
cydlynus
cyfanwaith
cyferbyniad
cyffredin
cyffrous
cyfleu
cymeriadau
cymeriadu
cymharu
cymhellion
cymysglyd
cynllun
cynllunio
dadansoddi
darllenadwy
darllenydd
datblygiad
deallus
dechreuad
deheuig
deialog
dethol
di-fflach
diangenrhaid
diddorol
diffygion
diflas
difyr
digrifwch
digyswllt
dilyniant
diofal
dirgelwch
dirywio
disgrifiad
diweddglo
diweddu

dramatig
dwys
dychymyg
dyfynnu
effeithiol
eironi
elwa
ffurf
gafaelgar
gofalus
golygfa
graenus
gwendid
gwreiddiol
gwreiddioldeb
gwrthdaro
hirwyntog
hiwmor
hygrededd
iaith
ieithwedd
llenyddiaeth
llenyddol
llinynol
llwyddiannus
llwyddo
manwl
manylu
mwynhau
mynegiant
naratif
naws
newydd-deb
nodwedd
nofel
paragraff
paragraffu
penagored
pennod
personoli
personoliaeth

plot
poblogaidd
portreadu
prif gymeriad
realistig
rhwydd
saernïo
safonol
sefyllfa
sensitif
sensitifrwydd
siomedig
storïau
straeon
strwythur
tafodiaith
teimladwy
teitl
testun
testunol
thema
themâu
trasiedi
trasig
trawiadol
treiddgar
trywydd
tyndra
tywyll
uchafbwynt
ymateb
ymson
ysgubol
ystrydebol
craff
awyrgylch
agoriad
cyfanwaith

Y Cerddi

agoriad
ailadrodd
bardd/beirdd
caeth
cerdd/cerddi
cwpled/cwpledi
cyferbyniad
cyflythreniad
cyfosod
cyfres/cyfresi
cynghanedd/cynganeddion
cymhariaeth/cymariaethau
cymeriadu
cywydd/cywyddau
datblygiad
deialog
dilyniant
diweddglo
enghraifft/enghreifftiau
englyn/englynion
llinell/llinellau
mynegi
odl/odlau
pennill/penillion
penrhydd
prifodl/prifodlau
rhydd
rhythm
soned
trosiad/trosiadau

cymhariaeth	*cerdd*
y **g**ymhariaeth **hon**	y **g**erdd **hon**
dwy gymhariaeth	**dwy g**erdd
tair cymhariaeth	**tair c**erdd
pedair cymhariaeth	**pedair c**erdd
cymhariaeth **dd**iddorol	cerdd **f**er
Mae **hi**'n **g**ymhariaeth	Mae **hi**'n **g**erdd

cynghanedd	*deialog*
y **g**ynghanedd **hon**	y **dd**eialog **hon**
dwy gynghanedd	**dwy dd**eialog
tair cynghanedd	**tair d**eialog
pedair cynghanedd	**pedair d**eialog
cynghanedd **dd**a	deialog **dd**a
Mae **hi**'n **g**ynghanedd	Mae **hi**'n **dd**eialog

odl	*llinell*
yr *odl* **hon**	y *llinell* **hon**
dwy *odl*	**dwy** *linell*
tair *odl*	**tair** *llinell*
pedair *odl*	*pedair llinell*
odl **g**udd	*llinell* **dd**oniol
Mae **hi**'n *odl*	Mae **hi**'n *llinell*

Ei (His)

Ceir **treiglad meddal** ar ôl **ei** (*his*):

Mae ei enw yn y llyfr

Mae ei **b**êl ar y cae.

Roeddwn i'n ei **d**aclo fe'n galed bob tro.

Ei **g**ath e yw hon.

Rydw i'n mynd i'w **f**wyta fe.

Rhaid i mi fynd i'w **dd**arllen e.

Rydw i'n ei **w**eld e nawr.

Dyma'i **l**yfrau ef.

Ei **f**am ef.

Cafodd y llun ei **r**oi iddo fe.

Ymarferion

P>B	T>D	C>G	B>F	D>Dd	G>
LL>L	M>F	Rh>R			

1) Rhedodd e i'w _____. (car)

2) Fe welais ef yn ei _____. (tanc)

3) Cafodd y cwch ei _____ ddoe. (prynu)

4) Wyt ti wedi ei _____ eto? (dysgu)

5) Cafodd y tŷ ei _____. (llosgi)

6) Cafodd Siôn ei _____ gan lew. (bwyta)

7) Torrodd e ei _____. (dant)

8) Dwyt ti ddim yn ei _____. (parchu)

9) Rhaid i ti ei _____ o'r afon. (tynnu)

10) Doeddwn i ddim yn ei _____ e. (meddwl)

Dewiswch y ffurf gywir **ei, eu** ac **e, hi, nhw:**

1) Roedd _____ thafod _____ yn las.

2) Cawson _____ _____ dal.

3) Cafodd _____ _____ rhwystro.

4) _____ dudalen olaf _____ yw hon.

5) Pwy mae hi'n _____ garu.

6) Byddaf i'n _____ casglu nhw yma.

7) Rydw i'n hoff o'____ mam _____.

8) Wyt ti wedi _____ orffen _____?

9) Mae hi wedi datrys _____ phroblem.

10) Roeddwn i am _____ prynu _____.

Ei (Her)

Ceir **treiglad llaes** ar ôl **ei** (*her*) a daw 'h' o flaen llafariaid:

Mae ei **h**enw yn y llyfr.

Mae ei **ph**êl ar y cae

Roeddwn i'n ei **th**aclo hi'n galed bob tro.

Ei **ch**ath hi yw hon.

Rydw i'n mynd i'w **b**wyta hi.

Rhaid i mi fynd i'w **d**arllen hi.

Rydw i'n ei **g**weld hi nawr.

Dyma'i *ll*yfrau hi.

Ei **m**am hi.

Cafodd y *llwy* ei **rh**oi iddo fe.

P>Ph	T>Th	C>Ch

1) Paid â bwyta ei _____ hi. (afal)
2) Roedd hi wedi colli ei _____ yn llwyr. (pen)
3) Gafaela yn ei _____hi. (llaw)
4) Oes rhaid i ti gosi ei _____ hi. (traed)
5) Cafodd hi ei _____. (carcharu)
6) Pwy oedd wedi ei _____ hi? (enwi)
7) Dwyt ti ddim yn ei _____ hi. (parchu)
8) Cafodd hi ei _____. (dychryn)
9) Rhaid i ti ei _____ hi o'r afon. (tynnu)
10) Cafodd hi ei _____ gyda'r gwaith. (plesio)

Dewiswch y ffurf gywir **ei, eu** ac **e, hi, nhw.**

1) Mae _____ llyfr hi yn frwnt.
2) Roedd ei dillad _____ ar y lein.
3) Roedd rhywbeth yn ____ poeni _____.
4) Cafodd _____ _____ gau.
5) Roedd rhywbeth yn _____ boeni _____.
6) Cafodd _____ _____ chau.
7) Mae _____ coesau yn frown.
8) Cawson _____ _____ cau.
9) Rydw i'n hoff o'____ chwestiwn.
10) Roedd rhywbeth yn __ phoeni __.

Eu (Their)

Nid oes treiglad ar ôl '**eu**'(*their*), ond mae **h** o flaen llafariaid.

Mae eu **h**enwau yn y llyfr.

Mae eu **p**êl ar y cae

Roeddwn i'n eu **t**aclo nhw'n galed bob tro.

Eu **c**ath nhw yw hon.

Rydw i'n mynd i'w **b**wyta nhw.

Rhaid i mi fynd i'w **d**arllen nhw.

Rydw i'n eu **g**weld nhw nawr.

Dyma'u **ll**yfrau nhw.

Eu **m**am nhw.

Cafodd y lluniau eu **rh**oi iddo fe.

Ymarferion

1) Daeth hi o'u _____ nhw. (cartref)
2) Peidiwch â bwyta'u _____. (orennau)
3) Eu _____ nhw sydd ar y bwrdd. (afalau)
4) Fe gredaf fod eu _____ yn dda. (addysg)
5) Eu _____ trwchus. (cotiau)

Dewiswch y ffurf gywir **ei, eu** ac **e, hi, nhw.**

1) Dydw i ddim yn gallu _____ gweld hi.
2) Cer i'w _____ hi. (cartref)
3) Roeddwn i'n hoff o'i _____. (cerdd)
4) Wyt ti'n gallu _____ gweld nhw?
5) Weithiau mae ei lais _____ yn rhy uchel.
6) Does dim coed yn _____ gerddi nhw.
7) Yn ei _____ e mae'r casetiau. (bag)
8) Dyma _____ drydydd paced o greision.
9) Mae gormod yn ei charu _____.
10) Oes rhaid i mi __ brynu e.

63

i neu u

Os oes **o** yng nghanol berfenw mae **i** ar y diwedd:

colli   torri   pori

Os oes **a** yng nghanol berfenw mae **u** ar y diwedd:

canu   palu   malu

Os oes **y** neu **w** yng nghanol berfenw mae **u** ar y diwedd:

prynu   tynnu   pwdu

Os oes **w** ar ddiwedd berfenw mae **i** ar y diwedd:

sylwi   berwi   enwi

Heblaw am mynegi, rhegi, pesgi, geni, medi, peri mae pob berfenw ag **e** yn y canol yn gorffen ag **u**:

anrhegu   rhestru   methu

Petai

Petawn i'n gyfoethog, byddwn i'n hapus.

Petaet ti'n gwybod, byddet ti wedi dod.

Petai ganddi feic, byddai'n iachach.

Petaen ni'n dweud 'na', bydden ni mewn trafferth.

Petaech chi yma'n gynt, fyddech chi ddim wedi colli dechrau'r gêm.

Bydden nhw wedi ennill y gêm, **petaen** nhw'n fwy gofalus ar y dechrau.

(ffurf lafar yw 'os buasai'. Rydyn ni'n ysgrifennu 'petai'.)

Ymarferion

1) _____ ti yna hefyd, byddech chi wedi ennill.

2) _____ nhw'n prynu bwyd i ni, fydden ni ddim yn llwgu.

3) Fyddech chi ddim yn drist, _____ i wedi ennill.

4) Byddwn i'n falch, _____ ti'n dod.

5) Bydden nhw'n gwenu, _____ chi'n rhoi bwyd iddyn nhw.

6) _____ e'n siarad, fyddech chi'n flin?

7) _____ i'n gweithio, byddwn i'n cael gwell marciau.

8) Bydden nhw'n blino, _____ nhw'n codi'n gynnar.

9) Fyddai hi ddim yn siarad, _____ hi ddim wedi diflasu.

10) _____ i'n gofyn, fyddech chi'n dod?

11) _____ ni mewn car, fydden ni ddim yn hwyr.

12) Bydden nhw'n hapus, _____ ni'n colli.

13) _____ e'n barod, byddwn i'n hapusach.

14) Byddai e'n gweiddi, _____ nhw'n sgorio.

15) _____ chi'n talu sylw, byddech chi'n deall y gwaith.

Treiglo ar ôl Rhifolion

un	ci	
un	*g*ath	meddal
y **dd**au	**g**i	meddal
y **dd**wy	*g*ath	meddal
y tri	**ch**i	llaes
y *tair*	cath	
y pedwar	ci	
y *pedair*	cath	

gwrywaidd	benywaidd
y car cyntaf	y *g*ân *g*yntaf
yr ail **g**ar	yr ail *g*ân
y trydydd car	y **d**rydedd *g*ân
y pedwerydd car	y **b**edwaredd *g*ân

Ymarferion

Mae'r enwau benywaidd wedi eu hitaleiddio..

1) Rhaid iddi ddarllen y _____ _____. *(pennod)* + (cyntaf)

2) Mae gan y wlad dri _____. (tywysog)

3) Ym Mangor roedd y _____ ras. (pedwerydd / *pedwaredd*)

4) Y _____ cadair. (pedwar / *pedair*)

5) Hon yw'r *bedwaredd* _____ yn y gerdd. (*cymhariaeth*)

6) Mae cymhariaeth dda yn y _____. (trydydd / *trydedd*) + (*llinell*)

7) Rydw i'n cadw'r _____ *punt*. (tri / *tair*)

8) Y _____ _____. (dau / *dwy*) + (pennill)

9) Mae gennyf i un _____. *(dafad)*

10) Bydd tri _____ yn y pwll. (pysgodyn)

11) Y _____ _____. (dau / *dwy*) + (*pêl*)

12) *Hon* yw'r _____ _____. (*cerdd*) + (*gorau*)

13) Y _____ _____ _____. (dau / *dwy*) + (prif gymeriad)

14) Dyma'r ail _____ i'r gloch ganu. (*gwaith*)

15) Ble mae'r _____ _____. (dau / *dwy*) + (bachgen)

Lluosogi Ansoddeiriau

Indiaid Coch**ion**
Mwyar Du**on**
Y gwyn**ion**
Plant bych**ain**
Clwb Fermwyr If**ainc**
Cyllyll hir**ion**
Poteli gweig**ion**
Llygaid gleis**ion**

Rhifolion

1 un

2 dau/*dwy*

3 tri/*tair*

4 pedwar/*pedair*

5 pump

6 chwech

7 saith

8 wyth

9 naw

10 deg

11 un ar ddeg

12 deuddeg

13 tri/*tair* ar ddeg

14 pedwar/*pedair* ar ddeg

15 pymtheg

16 un ar bymtheg

17 dau/*dwy* ar bymtheg

18 deunaw

19 pedwar/*pedair* ar bymtheg

20 ugain

21 un ar hugain

30 deg ar hugain

40 deugain

41 un a deugain

50 hanner cant

51 hanner cant ac un

60 trigain

61 un a thrigain

80 pedwar ugain

99 pedwar ar bymtheg a phedwar ugain

o flaen enwau defnyddir:
5 pum (nid pum**p**): pum mlynedd, pum afal
6 chwe (nid chwe**ch**): chwe **ch**ant, chwe iaith
100 can (nid can**t**): can cyfrifiadur, can teledu
Mae *mil* yn fenywaidd: *dwy fil*

Dyblu 'n' ac 'r'

Yn aml dyblir **n** ac **r** ar ddiwedd y sillaf olaf ond un (y goben)

ysgrife**nn**u	ysgrife**n**yddes
pe**n**ill	peni**ll**ion
ca**rr**eg	ca**r**egog
to**rr**i	to**r**edig

Mae **-nt** yn rhoi **-nn-**:

-nt	>	-nn-
llwyddia**nt**	>	llwyddia**nn**us
ca**nt**	>	ca**nn**oedd
peiria**nt**	>	peiria**nn**au

Ar ôl **llafariad fer** ceir dyblu:

b**y**r	by**rr**ach
gl**a**n	gla**nn**au
t**o**n	to**nn**au

Ond nid ar ôl llafariad hir:

l**ô**n	lonydd
gl**â**n	glanach
gw**ê**n	gwenu

Ceir **-nn-** pan dreiglir **t** neu **d** hyd yn oed pan nad yw ar ddiwedd y goben os oes llafariad yn dilyn:

an	+	**d-**	>	**ann-**
an	+	**d**ymunol	>	a**nn**ymunol
an	+	**d**uwiol	>	a**nn**uwiol
an	+	**t-**	>	**annh-**
an	+	**t**aclus	>	**annh**aclus
an	+	**t**eilwng	>	**annh**eilwng

ond os yw **r** yn dilyn

an	+	t-	>	anhr-
an	+	**tr**efn	>	**anhr**efn
an	+	**tr**ugarog	>	**anhr**ugarog

Nid oes dyblu o flaen y terfyniadau hyn:

-wyr	
peiria**nn**wr	peria**r**wyr
gy**rr**wr	gy**r**wyr
-iad	
difla**nn**u	difla**n**iad
dyfy**nn**u	dyfy**n**iad
-ion	
gwy**nn**ach	gwy**n**ion

Yr Amhersonol

Presennol
Dywedir bod Carwyn yn flaenwr gwych.
Yn y gerdd **disgrifir** bywyd person ifanc.

Gorffennol
Llosgwyd y dref gan fyddin Glyndŵr.
Yn ddiweddarach **ailgodwyd** yr adeilad.

Amherffaith
Flynyddoedd yn ôl, **gwelid** adar ar y llyn.
Rhoddid cosb am siarad Cymraeg yn yr ysgol bryd hynny.

Gorchmynnol
Cof**ier** bod tlodion yn y byd heddiw.
Nac yf**er** yn yr ystafell hon.

Sylwer: nid yw goddrych y rhain yn treiglo:
Gorchfyg**ir** gwledydd bychain.
Cod**wyd** capel ar y bryn

Ymarferion

Mae'r gloch yn cael ei chlywed bob bore.
Clywir y gloch bob bore.

Mae'r llyfr yn cael ei ysgrifennu yn Saesneg.

_____

Nid yw ysmygu yn cael ei ganiatáu.

_____

Mae'r gwersi'n cael eu dysgu gan Huw.

_____

Byddai'r gwaith yn cael ei orffen yn hwyr.

_____

Cafodd dwy gôl eu sgorio.

_____

Byddai'r llechi'n cael eu hollti.

_____

Cafodd y car ei drwsio.

_____

Cafodd y dyfarnwr ei daro gan y bêl.

_____

Cafodd y gêm ei cholli.

_____

Cafodd yr ysgol ei chodi yn 2001.

_____

O

ohonof i	ohonon ni
ohonot ti	ohonoch chi
ohono fe / ohono hi	ohonyn nhw

Aeth llawer **ohonon ni** i weld y gêm.

Mae gormod **ohonoch chi** yma.

Tynnwch lun **ohonyn nhw**.

Oes gennyt ti rywfaint **ohono** ar ôl.

Cofiwch fod 'o' yn achosi **treiglad meddal**:
Mae gennyf i lawer o **f**eiciau.

Ymarferion

1) Does dim digon _____ nhw.
2) Mae gormod o _____ gen i. (gwaith)
3) Roedd hi wedi tynnu llun _____ i.
4) O _____ mae hi'n dod. (Criccieth)
5) Bydd gormod _____ ni ar y bws.
6) Mae e'n dod o _____. (Rhydaman)
7) Fe hoffwn i lun _____ ti.
8) Mae gan octopws wyth o _____. (breichiau)
9) Welais i ddim _____ ti.
10) Mae Mam yn dod o _____ Ceiriog. (Glyn)
11) Chlywais i ddim _____ hi.
12) Mae amryw o _____ leol yma. (pobl)
13) Chlywais i ddim _____ chi.
14) Gwn fod llawer o _____ hardd yno. (trefi)
15) Ef yw'r gorau _____ nhw.
16) Ti yw'r diocaf _____ ni.
17) Mae llawer o _____ ar ei drwyn. (blew)
18) Collodd y ddau lawer o _____. (cyfleoedd)
19) Rhaid i mi fynd i Lundain o _____. (Caer)
20) Theimlais i ddim _____ fe.

Cenhedloedd

Gwlad	gwrywaidd	benywaidd	lluosog	iaith	ansoddair
Cymru	Cymro	*Cymraes*	Cymry	Cymraeg	Cymreig
Lloegr	Sais	*Saesnes*	Saeson	Saesneg	Seisnig
Iwerddon	Gwyddel	*Gwyddeles*	Gwyddelod	Gwyddeleg	Gwyddelig
Ffrainc	Ffrancwr	*Ffrances*	Ffrancwyr	Ffrangeg	Ffrengig

Y Trydydd Person

Dyma ambell ffurf pan fyddwch yn ysgrifennu'n ffurfiol (neu'n siarad) yn ffurfiol.

adrodd – edrydd

ateb – etyb

agor – egyr

aros – erys

cadw – ceidw

canu – cân

caru – câr

codi – cyfyd

chwarae – chwery

chwythu – chwyth

clywed – clyw

colli – cyll

credu – cred

cyfodi – cyfyd

cymryd – cymer

cysgu – cwsg

dal – deil

dangos – dengys

deffro – deffry

diffodd – diffydd

dod – daw

dweud – dywed

dysgu – dysg

ffoi – ffy

gadael – gedy

galw – geilw

gosod – gesyd

gweld – gwêl

gwrando – gwrendy

gwrthod – gwrthyd

gwybod – gŵyr

gyrru – gyr

llenwi – lleinw

mynnu – myn

mynd – â

parhau – pery

peidio – paid

peri – pair

plygu – plyg

rhoddi – rhy / rhydd

sefyll – saif

siarad – sieryd

taflu – teifl

taro – tery

troi – try

torri – tyr

yfed – yf

Mae cerflun yn sefyll ar ben y tŵr:
Saif cerflun ar ben y tŵr.

Mae llawer o waith yn aros i'w wneud:
Erys llawer o waith i'w wneud.

Mae'r bardd yn dweud:
Dywed y bardd.

Ymarferion

1) Mae o'n gadael dau fab ar ei ôl.
___
2) Mae llawer o bobl yn parhau i siarad Llydaweg.
___
3) Mae'r awdur yn adrodd hanes ei blentyndod.
___
4) Mae'r llinell hon yn ateb y gyntaf.
___
5) Mae Rhys yn galw ar yr ysgrifenyddes.
___
6) Mae edau rhy dynn yn torri.
Edau rhy dynn a ___
7) Mae'r bardd yn dangos ei fod yn poeni am Gymru.
___
8) Mae Hywel yn parhau i redeg ambell ras.
___
9) Mae'r gerdd yn agor gyda throsiad.
___
10) Mae o'n/e'n troi yn Gomiwnydd yng nghanol y nofel.
___

Cenedl Eto

goddrych gwrywaidd – ei + tr. meddal
goddyrch benywaidd – ei + tr. llaes

Cafodd y parti ei **d**refnu
Cafodd y *wledd* ei **th**refnu

Roedd e wedi cael ei **dd**al
Roedd *hi* wedi cael ei **d**al

Mae'r llyfr yn cael ei **y**sgrifennu
Mae'r *gerdd* yn cael ei **h**ysgrifennu

Ymarferion

1) Cafodd y gwaith ei ___ (gorffen).
2) Mae'r gwair yn cael ei ___ (torri).
3) Cafodd yr *hwyaden* ei ___ (gwerthu).
4) Cafodd y bwthyn bach del ei ___ 'n ulw (llosgi).
5) Cafodd y pentref ei ___ (boddi).
6) Dyma pryd cafodd *y wlad* ei ___ (darostwng).
7) Cafodd yr *ysgol* ei ___ (cau).
8) Ni chafodd Alun ei ___ (ethol).
9) Mae'r *deisen* yn cael ei ___ (bwyta).
10) Mae'r tŷ yn cael ei ___ (prynu).

Rhai Acenion: Y Didolnod

Ceir ´ uwchben deusain acennog ar ddiwedd gair lluosill:

caniatáu
casáu
iacháu

Ceir ^ uwchben llafariad â chytsain ar ddiwedd gair lluosill:

caniatâd   crwsâd

Ceir ^ pan fo'r gair yn gorffen â llafariad:

caniatâ

nid oes angen acen pan fo 'h' yn dangos bod llafariad yn hir:

rhydd**had**
glan**hau**

Y Gorberffaith

Gwelaswn	Gwelasem
Gwelasit(et)	Gwelasech
Gwelasai	Gwelasent
Gwelasid	

Fe'i defnyddir i gyfleu digwyddiad oedd eisoes wedi digwydd.

Roeddwn wedi ei weld llynedd.
Gwelaswn ef llynedd.

Planhigion

banadl – broom
bedwen – birch
berw/berwr – watercress
betys – beet
blodyn yr haul – sunflower
blodyn menyn – buttercup
bresych – cabbage
briallu – primrose
brwyn(en) – rush
bysedd cochion – foxglove
caca-mwnci – burdock
castanwydd(en) – horse chestnut
cawn(en) – reed
caws llyffant – toadstool
cegid – hemlock
celyn(nen) – holly
cenhin(en) bedr – daffodil
cennin – leeks
cerddin(en) – mountain-ash
clychau'r gog – bluebells
coll(en) – hazel
cors(en) – reed
craf – garlic
criafol(en) – rowan
cywarch – hemp
dail tafol – dock
danadl poethion – nettles
dant y llew – dandelion
derw(en) – oak
draen – briar
draenen wen – hawthorn
eiddew – ivy
eithin – gorse
erfin(en) – turnip
ffa – broad beans
ffawydd(en) – beech
gellyg(en) – pear
grug – heather
gwern(en) – alder
gwyddfid – honeysuckle

gwymon – seaweed
helyg(en) – willow
hesg – sedges
hesg(en) – sedge
iorwg – ivy
llin – flax
llus – whinberry
llwydni – mildew
llwyfen – elm
llygad y dydd – daisy
madarch – mushroom
maip – turnips
mefus – strawberry
meillion – clover
mieri – briars
moron – carrots
mwsogl – moss
mwyar(en) – blackberry
onn(en) – ash
pabi – poppy
palmwydd(en) – palm
pys – peas
rwdins – swedes
rhedyn – fern
rhosyn – rose
taglys – bindweed
tegeirian – orchid
uchelwydd – mistletoe
wynwyn/nionyn – onions
ysgall – thistle
ysgawen – elder
ywen – yew

Idiomau

A'i ben yn ei blu – yn drist, yn pwdu, yn ddigalon.
A'i wynt yn ei ddwrn – ar frys
Am ei gwaed hi – am ddial ar rywun.
Ar binnau – yn aflonydd.
Ar chwâl – dros y lle i gyd.
Ar y gweill – yn cael ei baratoi.
Ar bigau'r drain – yn nerfus iawn.
Bwrw hen wragedd a ffyn – yn bwrw glaw yn drwm, tresio bwrw, stido bwrw.
Byth a beunydd – yn ddiddiwedd, o hyd.
Cael hwyl ar rywbeth – mwynhau, gwneud rhywbeth yn dda.
Cannwyll fy llygad – fy hoff un, ffefryn.
Cadw'r ddysgl yn wastad – rhwystro dau rhag ffraeo.
Cael llond bol – cael digon, 'di neu wedi 'laru ar rywbeth.
Canmol i'r cymylau – canmol rhywun yn fawr iawn.
Cefn gwlad – ardaloedd gwledig, pell o drefi.
Ceffyl blaen – yr un sy'n arwain ac yn hoffi bod yn amlwg.
Cnoi cil – ystyried, meddwl am rywbeth.
Codi calon – gwneud rhywun yn hapus.
Cochi at ei glustiau – to blush.
Codi sgwarnog – sôn am bethau sydd ddim yn berthnasol.
Codi cyn cŵn Caer – codi'n gynnar iawn, iawn.
Y cyw melyn olaf – y plentyn ieuengaf o nifer mewn teulu.
Chwilen yn ei ben – obsesiwn am rywbeth
Dan ei sang – yn llawn dop, yn orlawn.
Dan glo – wedi ei gloi.
Daw eto haul ar fryn – bydd pethau'n gwella.
Dim Cymraeg rhyngddynt – ddim yn siarad â'i gilydd.

Dim llawn llathen – ddim yn gall.
Diwrnod i'r brenin – diwrnod arbennig iawn.
Dod at eu coed – callio.
Dros ben llestri – ymddwyn yn afresymol.
Dysgu ar eich cof – dysgu rhywbeth air am air.
Heb siw na miw – heb sŵn o gwbl.
Llygad barcut – yn graff.
Nid ar chwarae bach – nid heb feddwl o ddifri.
O flaen ei well – yn y llys.
Prynu cath mewn cwd – prynu rhywbeth heb ei weld.
Sefyll arholiad (nid ei eistedd).
Taflu llwch i lygaid – ceisio twyllo.
Dros ei ben a'i glustiau.
Y drwg yn y caws… – y broblem ydy/yw…
Gwneud ei gorau glas – gwneud cystal â phosib.
Fel lladd nadroedd – yn brysur dros ben.
Sgrifen fel traed brain – yn frawychus o flêr, anniben.
Gwneud cawl o bethau – gwneud llanast, smonach.
Gwneud môr a mynydd – gwneud gormod o ffws a ffwdan.
Gwyn dy fyd – rwyt ti'n ffodus iawn.
Hollti blew – codi problemau am fân bethau.
Malu awyr – siarad rwtsh, dwli.
Mêl ar ei fysedd – mwynhad o glywed am broblemau rhywun arall.
Cael ail – ceisio dial ond y drwg yn dod yn ôl arnoch chi.
Newydd sbon – hollol newydd.
O bedwar ban byd – o bobman.
O dro i dro – ambell waith.
O'r badell ffrïo i'r tân – mynd o sefyllfa ddrwg i un waeth.
Oriau mân y bore – pan fo'r haul yn codi.
O fore gwyn tan nos – trwy'r dydd o un pen i'r llall.
Pob copa walltog – pawb dan haul.
Rhoi'r ffidil yn y to – rhoi'r gorau i rywbeth.
Sioni bob ochr – rhywun sy'n newid ei farn o hyd er mwyn plesio pawb.
Taro'r hoelen ar ei phen – cael yr union ateb.
Tipyn o dderyn – cymeriad lliwgar.
Y to ifanc – y genhedlaeth ifanc.
Tynnu nyth cacwn yn ei phen – dod â phroblem fawr arni ei hun.
Uchel ei chloch – swnllyd ac yn mynnu dweud ei barn am bob dim.
Yn wên o glust i glust – yn gwenu'n braf.

O eirfa, adferf, berfau – i'r wyddor,
　　Y frawddeg, cymalau;
O galedu, treigladau,
I loywi iaith â fformwlâu.